小さくても輝く
街の業者たち

石川文洋 Ishikawa Bunyo

新日本出版社

目次

本書は、「全国商工新聞」（週刊）に二〇一三年五月から二〇一八年五月まで、月一回掲載された連載を元にしています。同紙を発行する全国商工団体連合会は、全国に約六〇〇ある民主商工会（民商）が、その都道府県連合会ごとに加盟する組織で、小企業・家族経営の営業と生活、諸権利を守り、社会的・経済的地位の向上をはかる運動に取り組む中小業者の団体です。記帳や税務調査、融資、開業、税金・国保・社会保険料の納付相談、各種経営交流や学習会などを行っています。

北海道

浜育ち、昆布とともに

浜中ちえこ食品　浜中町　柴田千枝子さん

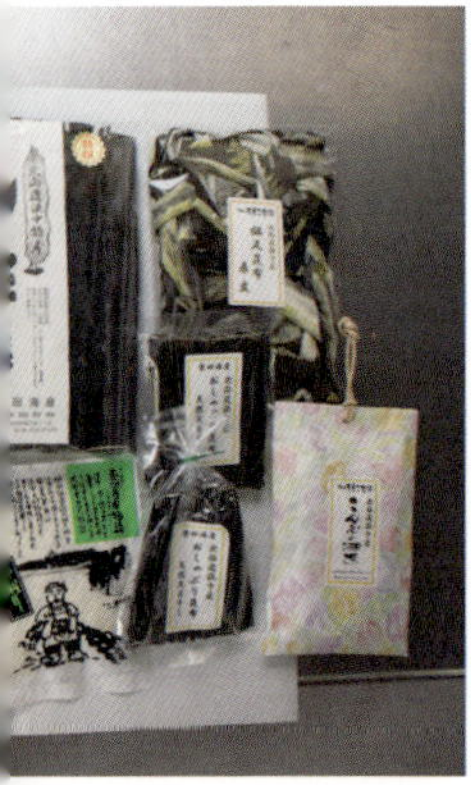

手造り「こんぶの佃煮」を作っている「浜中ちえこ食品」は、霧多布《きりたっぷ》岬のつけ根、根室市に近い浜中町にありました。切り立つような崖の海岸風景を見て、以前に訪れた国後《くなしり》島、色丹《しこたん》島など北方四島と似ていると思いました。

仕事場は浜中湾から少し離れたところにあり、建物前には広い昆布干し場がありました。哲哉さんと妻の春江さん、父・銀一さんと母・千枝子さん、兄の隆弘さんが仕事をしています。

昆布採取は六月～一〇月。銀一さん、哲哉さん、春江さんの三人が昆布船に乗り、採ってきた昆布を全員で干します。ウニ、ホッキ貝などの漁もします。私が訪ねた時は本格採取前の「間引き」時期で、隆弘さんは町の仕事、哲哉さんは林業の仕事で留守でした。海中で密集する昆布に太陽光を当て、生育を良くするために間引いた若い昆布は、軟らかく「早煮昆布」として販売しています。

昆布は海岸から近くて日当たりの良い、深さ三～五メートルくらいの岩盤に根付いたものが良いそうです。北海の荒波に揺られながら育った昆布の味は最高。赤ちゃん昆布は二年で「成人」となるそうです。

昆布漁は午前五時に出漁し同八時ごろに帰ります。その日の天候などにより出漁や採取時間が変わることも。今は昆布採取を春江さんと代わった千枝子さんは、佃煮を作っています。もともと千枝子

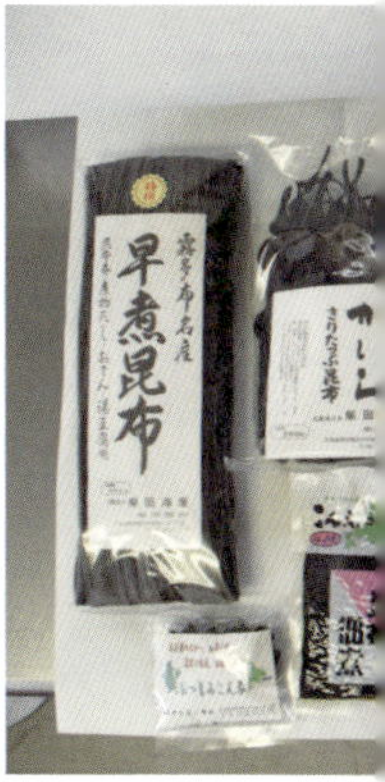

佃煮の準備をする千枝子さん。船に乗っての昆布、ウニ、魚の漁と家事、子育てをしてきた。日本のたくましい女性だ。右上の写真は浜中ちえこ食品の製品。天然、天日干しのみを使用。「早煮昆布」は軟らかく、おでんや煮物に適している。「かしら昆布」は、だしのほか昆布酒にも良い。「きりたっぷ昆布」は根元に近い肉厚の部分で、だしをとった後も煮物でうまい。佃煮は着色料・保存料等を使わず薄味に仕上げている。おぼろ、おしゃぶり昆布などもある

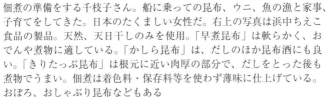

左は昆布を切る春江さん。海に出て昆布を採るのは重労働と思うが、女性の細腕は強い。右はウニ養殖の籠を手入れする銀一さん。父親の銀次郎さんも漁師だった。ウニは厚岸などのセンターから赤ちゃんウニを購入、浜中の海で昆布を餌に育てて３年で出荷する

さんの母が家庭用に作っていた佃煮を、七年ほど前に人に勧められて商品化しました。佃煮を作る仕事場には大きな鍋、材料、調味料などがありました。清潔で広々として、ここが千枝子さんのお城なのだと思いました。

千枝子さんは地元、浜中町で生まれ育ちました。実家も昆布採取や花咲ガニ、カレイ、コマイ漁を営んでいました。銀一さんと結婚した後、一緒に船に乗り、二人の子を育ててきました。漁業の合間にアユ、ニシン、紅サケなどの昆布巻きの材料を作る地元の昆布工場に勤めたこともありました。そして、今は自分で昆布の佃煮を作る。まさに昆布とともに歩んできた人生といえます。

▽北海道厚岸郡浜中町新川西１丁目137　TEL０１５３・６２・３６４０

青森

「金より名を残す」生きがいに

健工務店　弘前市　三上鉄次さん

津軽を代表する神社で、本殿や拝殿、楼門《ろうもん》などが国の重要文化財に指定されている青森県弘前市の岩《いわ》木山神社《きやまじんじゃ》。その修理・修復を七代、二五〇年にわたって手掛けてきた宮大工・三上鉄次さんを訪ねました。

岩木山神社に向かう正面に岩木山《いわきさん》（一六二五メートル）がそびえ、赤い実をつけたリンゴ園があちこちにありました。岩木山神社参道入口で待っていた鉄次さんのすてきな笑顔が印象的でした。三上家は初代から宮大工として岩木山神社の修理・修復を手掛け、安政四（一八五七）年に二代清吉、三代清作によって、神社の修理が完成したとの記録が残っています。アメリカ総領事ハリスと日米下田条約（日米修好通商条約の先駆となった）が結ばれた年です。

岩木山は昔から神山・霊山として津軽の人々の信仰を受け、宝亀一一（七八〇）年、山頂に社殿が建てられ、延暦一九（八〇〇）年征夷大将軍・坂上《さかのうえの》田村麻呂《たむらまろ》によって再建されたそうです。寛治五（一〇九一）年に現在の場所に社殿が建ち、山頂は奥宮と呼ばれ、夏には奥宮祭りが催されます。

岩木山神社は昔から「お岩木さん」「お山」と呼ばれ、陸奥津軽開拓の神、農産物の守護神、祖霊の座すところとしてあがめられてきました。

鉄次さんが取り替えた岩木山神社の門の柱。参道を歩いていると、清掃をしている女性、仕事中の巫女さんたちとあいさつを交わす。皆さんと顔なじみなのだ

鉄次さんが造った多賀神社の神殿の柱。京都の清水寺も音羽の滝が流れているが、柱の骨組みが清水寺と同じように見えた

鉄次さんは他のお寺や神社も修理してきましたが、特に力を入れたのは自宅からも近い多賀神社。大同二（八〇七）年、坂上田村麻呂が創建したといわれ、鉄次さんによれば当時は岩穴だったろうとのこと。寛文三（一六六三）年、津軽藩主によって神殿が建ち、その裏の岩から水が流れていることから清水観音堂とも呼ばれています。鉄次さんが一九八三年から一年かけ

工場で傷んでいる岩木山神社の杭の先を切断。傷んでいないところは使用する

て、祠《ほこら》のようだった小さな神殿を建て直し、神殿を支える柱も独自で造り上げたそうです。大変な赤字でしたが、「職人は金より名を残す」ことが生きがいと鉄次さんは断言します。

「今は信仰より観光になった」と鉄次さん。昔は農業、漁業、商業などの発展を願い、さい銭も奮発しましたが、現在は信仰心も薄くなり、少子化などで神社やお寺も収入が減少し修理・修復費が節約されているとのこと。鉄次さんの長男・健一さんは大学の工学部を卒業し「健《けん》工務店」として住宅建築に力を入れているとのことでした。

鉄次さんの趣味はお酒。二日前も五軒ハシゴをしたそうです。日本酒はたくさん飲むと翌日まで残るので焼酎専門。鉄次さんの笑顔は、神様とお酒に親しむところから生まれているのだろう、幸せな人生だと思いました。

▽青森県弘前市桜庭清水流133の4　TEL０９０・７３２７・１６１６

岩手

被災地に生きる一〇〇年の技

柴田表具店

陸前高田市　柴田康宏さん

陸前高田の表具師・柴田康宏さんを訪ねました。

私は一九七六年一月、陸前高田市に一週間、滞在したことがありました。場所と人をテーマに、陸前高田駅ホームに立つ女子高生、中央通りの歴史ある呉服店、醸造所、市役所、高田小学校などの建物と、そこで仕事をする人々をリンホフ テヒニカという大型カメラで撮影しました。二〇一一年、東日本大震災が起こった時、まずこの人たちの無事を願いました。

陸前高田市の撮影から四〇年。陸前高田市では、津波に流された街の跡に、土を高く盛り上げる作業が行われていました。

康宏さんの工房は、以前は畑だったという高い場所にあります。柴田表具店は創業一〇〇年、康宏さんは三代目になります。京都の表具店で六年間、修業を積んで父から表具店を継ぎ、仕事は順調でした。旧家の屏風《びょうぶ》や掛け軸を補修、襖《ふすま》を張り替え、新築の家やマンションの障子、

妻・茂子さんの抱いている犬はハル。表具師は張る仕事なので、そこから取った

襖をつくるのが主な仕事です。

そこへ大震災が襲ってきました。近所に出掛けていた康宏さんが家に戻ってくると、母のテル子さんは、今まで津波は来たことがないし、来ても役場の予想は三メートルなので堤防で防げると、それほど慌ててはいなかったそうです。

しかし突然、海の方向で土ぼこりが立ち、大きな波が来たという警察官の知らせで、テル子さんと康宏さん、妻の茂子さんたちは「高田一中」（陸前高田市立第一中学校）のある高台の方向へ逃げました。

沖縄の言葉「命《ぬち》どぅ宝」（命こそ宝）。一度は波にのまれた康宏さんは運良く助かった。康宏さんの表具の技は、陸前高田市復興に大きく役立っていくだろう

康宏さんは坂を登ったとき、孫と逃げて来たおばあさんが動けなくなっていたので高台の方へ運び、さらに波に流されていた別のおばあさんを助けました。康宏さんは第二波にさらわれてしまいましたが、浮かび上がったところが工場の中で、屋根と海水のわずかな隙間で呼吸をして助かったそう

です。

市内の体育館で避難生活を送り、市の仮設住宅の襖や障子の張り替えなどの仕事を始めました。表具の道具は家とともに全て失ったので、以前、修業していた京都の表具店の親方、その弟子たちが分けてくれたそうです。

1976年１月の陸前高田市。奥に港。この全てが津波で失われた。当時、市内で撮影した建物、市場、道路の魚売り、市内を歩く人々、伝統芸能「虎舞」など35点のポジフィルムを岩手県商工団体連合会、陸前高田民主商工会と康宏さんを通して市に寄贈することになった

地面を高くする復興工事が行われていた。将来はここに住宅が建つが、上下水道、インフラと先は長い。奥に海が見える。津波が来た水位を表すために、手前の桜が植えてあった

▷岩手県陸前高田市高田町鳴石113の１
TEL0192・55・3533

秋田

殿様も喜ぶ諸越の味伝えて

斉藤製菓　秋田市　斉藤稔さん

秋田銘菓「諸越《もろこし》」は小豆粉と砂糖を原料にしています。江戸時代に作られ、佐竹・秋田藩主に献上したところ「諸々の菓子に越して風味が良い」と褒められたので諸越という名がついたとのことです。

現在の斉藤製菓代表・斉藤稔さんは二代目。父親の隆さんは諸越を主力にしている創業一七〇五年の老舗菓子店・杉山壽山堂《じゅさん》で修業し、一九六四年に独立しました。稔さんは菓子問屋に勤務した後、二八歳から家業に就き、父親から諸越の製造技術を学びました。

現在、斉藤製菓は隆さんと母の万里子さん、稔さんと妻のむつ子さん、稔さんの高校時代の同級生・工藤俊夫さんとパートの長澤麻由子さんの六人です。

仕事場はとても明るく清潔な感じです。工藤さんが小豆粉と砂糖をミキサーで混合し型を取っていました。原料に気を配り、北海道のてん菜糖、北海道と秋田の小豆を使っています。型取られた諸越が乾燥機に入れられます。乾いた諸越に隆さんがガスバーナーで焼き目を付けていました。「おいしそうに見えて、舌触りを良くする。ここが長年の勘と技が物をいうところ」で一番難しいそうです。

調整しても四季によって室内の温度は異なり、雨の日と晴天の日とでも温度や湿度の差があり、焼く時間が微妙に違うそうです。隆さんは、焼かれていく諸越の表面をじっと見つめていました。声を掛け

菓子に焼き目を入れる隆さん（右）。真剣なまなざしで焼き具合を見ていた。焼く前の菓子を夫に渡し、焼けた後の菓子を受け取る万里子さん。隆さんが疲れた後は、万里子さんが焼いていた。隆さんの趣味は日本酒と山菜採り。万里子さんは新舞踊を自ら踊ること

るのも、ためらいます。

むつ子さんも、子を育て、家事をし、仕事もこなします。本書に登場するみなさんの職場では、どこも妻が大きな〝戦力〟となっていました。大型連休では観光客が大勢、秋田を訪れるので商品もよく売れる。「人の休みの時は

菓子の袋詰め作業をするむつ子さん

忙しい」とのことで、皆で旅行へも行けないそうです。

秋田県では諸越を伝統的な菓子として販売に力を入れています。秋田県菓子工業組合は、製造所の代表者が組合員となって一一〇人いるそうです。

忙しい中、稔さんの楽しみはお酒とカラオケ。お父さんも若い時はよく飲んだそうで「お酒と仕事を父親から引き継いでいます」と笑っていました。でも、一番癒《い》やされるのは、お客さんから自社製諸越の味を褒められた時とのことでした。

▽秋田県秋田市茨島《ばらじま》2の12の4　TEL０１８・８２３・３６２１

仕事場の横、事務室の稔さん。伝統的な「秋田諸越」のほかに子どもに好まれる「チョコ＆コーヒー諸越」、秋田県男鹿半島の塩を加えた「塩もろこし」、沖縄産黒糖を加えた「黒糖もろこし」、ほかに「地酒もろこし」「ししとうもろこし」なども依頼されて製造した

左から長澤麻由子さん、万里子さん、むつ子さん、隆さん、稔さん、工藤俊夫さん。連休の時は観光客が多く、諸越が売れる。８月は夏休みや秋田竿燈まつり、冬は温泉客や里帰りした人がお土産に諸越を買って帰る。仕事を休む間もないとのこと

宮城

若者や海外でブーム再燃

松田工房　大崎市　松田忠雄さん

江戸時代末期から作り始めたといわれる、宮城県の鳴子《なるこ》こけし。「松田工房」を営む、松田忠雄さんを訪ねました。

鳴子温泉とこけし。この文字から心の古里をイメージする人も多いのではないでしょうか。初冬を感じさせる里山を走るJR東日本陸羽東線鳴子温泉駅で下車すると、駅の外に足湯があり、道の向こうにこけしが立っていました。

県道四七号沿いの松田工房の前にも大きなこけし。店内には数え切れないほどのこけしが並んでいます。形もさまざまです。

忠雄さんは、こけし作り三代目です。日露戦争の三年前、一九〇一年に生まれた初見さんが初代。初期は木地師として椀や盆など生活用品が多く、その合間に子どものおもちゃ、こけしを作っていたそうです。初見さんは九〇歳で亡くなりましたが、一九七六年に宮城県産業振興功労賞、八五年に労働大臣賞を受賞。忠雄さんと一九二八年生まれの父・三夫さん、祖父の三代一緒で仕事をしていた時期もあったとのこと。

敗戦後、景気が回復してくるに従って鳴子温泉を訪れる人も増え、お土産にこけしを買って帰るよう

ろくろで、こけしを作る忠雄さん。中学校の時から機械になじんでいる。絵が好きだったので高校卒業後、デザイン専門学校にも通った。文部大臣賞ほか、たくさんの賞を受けている

になり、一九八三年にNHK連続テレビ小説「おしん」が始まると、東北に関心が集まったそうです。「おしん」の舞台は山形県の銀山温泉ですが、こけしも登場するので、鳴子温泉と鳴子のこけしも注目され、その後のバブル経済と相まって、八〇年代後半がこけし販売のピークにあったのではないか、と忠雄さん。

長男・大弘さんの新型こけし。伝統こけしのほか新鮮な発想で、いろいろなこけしを作っている。東日本大震災支援事業の一環として、忠雄さんはこけし型のペットボトルキャップと、こけしライトを作った。こけしライトはヨーロッパにも紹介され、イタリアのミラノでの展示会で好評だった

現在は、以前ほどではないが、第二次こけしブームと考えられるそうです。インターネットによって、こけしの存在が外国にまで知られるようになりました。これまで店やホテル、東京・大阪の問屋が主な販路でしたが、それにネット販売が加わったとのこと。今、鳴子温泉は若い人に人気が出て、ネットで情報を集め、温泉とこけしの絵付け体験を楽しむ若い層も増えているそうです。

朝、私が泊まったホテル亀屋の広い食堂へ行くと、ほぼ満員状態。八〇人ぐらいでしょうか。年輩の人も若い人もいます。「季節によっても違うが、鳴子峡や最上川下り、松島湾、中尊寺観光の人たちも鳴子に立ち寄る」とフロントの人は言っていました。松田工房にはヨーロッパの人も訪れ、伝統こけしに関心を持つそうです。

第二次こけしブームといっても、こけし作り職人や後継者は減少しています。「全盛期は他県から弟子入りする人もいて、職人は四〇～五〇人いたが、現在では二〇人弱」と忠雄さん。親の後を継ぐ人が激減し、忠雄さんは鳴子こけしの将来を心配しています。

ひな人形こけし。鳴子こけしは首を回すとキュッとかわいい音が出る。忠雄さんは伝統こけしのほか、新型こけしにも取り組んでいる

忠雄さんの長男・大弘《ともひろ》さんは大学へ通いながら新型こけしに取り組み、インターネットで外国へ、こけしの魅力を発信しています。

▽宮城県大崎市鳴子温泉字上鳴子126の10　TEL 0229・83・3573

山形

小さいが偉大な構造物建てる

マルイ工業（株）　山辺町　井上勝さん

山形の豪雪地帯、最上郡大蔵村の肘折《ひじおり》温泉に続く、通年走行可能な唯一の道が二〇一二年四月～五月、二度の地滑りで通行不能に。そこに、鋼製ラーメン（ドイツ語で枠、骨組みの意）桟道橋として長さ日本一の「肘折希望《のぞみ》大橋」が建設され、道は復旧されました。この橋の支柱工事を担い、地区の住民に喜ばれた井上勝さんを訪ねました。

勝さんは県北部の鮭川《さけがわ》村で中学校を卒業すると、横浜の日本鋼管に入社、会社の技術者養成学校へ通いながら同社の造船所、浅野ドックで溶接技術を身に付けました。一九五〇年代のことです。戦後、復興期の日本は若者の力を必要としていたのです。

日本鋼管で労働組合の活動を行い、退社後、浅野ドックにいた人の溶接会社に入社。一九八二年七月、独立して現在の会社を創設しました。そして寒河江《さがえ》ダム建設の際の杭の溶接を建設省（当時）から受注しました。どの建設にも建物を支える支柱が大切です。鉄の柱を溶接して数十メートル地下へ打ち込んでいくのです。総合建設業「マルイ工業」の事業は一般土木建築、設計施工、製缶、配管、Gパイル（地滑り抑止杭）、鋼管杭溶接となっています。鋼管溶接では定評があり、全国のゼネコンにその名を知られているようです。

内陸の山形市と日本海側の酒田市の途中の大蔵村に肘折温泉がある。地滑りで通行不能となった県道に建てた肘折希望大橋を背景に勝さん。杭の上に建つ全長約240メートルの橋は、この構造では日本一とのこと。２年をかけて2013年11月に完成した。直径60センチのパイプの杭を380本、地下27メートルの岩盤まで打ち込んであるとのこと。以前は車１台しか通れなかった道も幅６～8.25メートルとなって、すれ違うこともできるようになった

会社は技術者八人を含めて一二人。勝さんの話から、ゼネコンの下請けではなく積極的に自分の意見を述べ、アイデアを出し、設計もしていくという、仕事に対する情熱を感じました。九州から東北まで全国で仕事をしてきましたが、東日本大震災後は岩手県宮古港防波堤の津波被害、仙台市泉団地の地滑り防止、福島第一・第二原発の変電所地滑り防止工事などの仕事もしたそうです。

勝さんは夢の塊のような人と思いました。先の仕事の創造と実現へ向けての努力も夢の一つと思います。マルイ工業を後の人たちに任せても夢は失われない。

今、考えているのは「炭焼き小屋」。

副社長として事務・会計を担当、夫と会社を支えてきた妻の峰子さん（左）。次期社長となる専務の井上春喜さん（中）。事務所には勝さん、峰子さん、三女の森谷理歌さん（右）しかおらず、ほかの社員は現場に出ていた。春喜さんも言葉を交わす間もなく事務所を出て行った。理歌さんは事務を担当。電話を取ったりパソコンを扱ったり忙しそうだった

勝さんは、白炭を焼く炉を作る構想を持っておられるそうです。

①白炭は黒炭より硬く、長い時間燃える、②移動式の炉を作る、③炉から送られる熱で花のハウス栽培や風呂も沸かせるようにする、④その風呂も炉とセットにして売る、⑤定年になった人でも炭、ハウスの花で収入が得られる、⑥炭用の木材の伐採、運び出す道を作ることで放置林が活性化される、⑦マルイ工業は炉、風呂を売ってもうける。炭焼き希望者にはすべてを指導する、⑧現在、県のプランナーに話し、県でも関心を示しているとのことで、県の補助金応募の日に設計図その他を提出する――勝さんは明るく語っていました。

▽山形県東村山郡山辺町大寺1738の1　℡023・664・7187

福島

原発事故被災地で暮らし支えて

リサイクル・エポック

南相馬市　舘内俊博さん

福島県の相双《そうそう》民主商工会（民商）の舘内《たてうち》俊博さんが営む「リサイクル・エポック」を二〇一五年の早春に訪ねました。福島へ行くのは二〇一二年六月の被災状況の取材以来でした。

今回取材した店は、福島第一原発から北に二〇・五キロの場所にあります。自宅もすぐ近くです。最寄りの駅は、JR常磐線の磐城太田《いわきおおた》駅です。原発事故後は不通になっていたので、新幹線の福島駅前からバスに乗り、一駅分仙台寄りのJR原ノ町駅前で降りると、俊博さんが車で迎えに来てくれました。

エポックには、実にたくさんの種類の品物があるので驚きました。一日中、見ていても飽きない

「よく分からないけど、１万5000人以上の人がいるのではないかなあ」と俊博さん。全国から泊まり込みで除染作業などに来ている人たちも、休日には店に来る。自動車のナンバープレートも北海道から沖縄までさまざま。私がいる時も、５～６人の作業員が来ていた

舘内俊博さん、薫子さん夫婦。薫子さんも南相馬市生まれ。震災の時、店内に並べた商品は崩れ落ち、棚は横倒しになった。ガラス製品など、割れたり、壊れた品物は軽トラック３台分にもなった。店が再開でき、「お客さんとの出会いが楽しい」とのこと。リサイクル・エポックは薫子さんと従業員の佐藤公二さん、セカンドエポックは小野田勝さんと小山美穂さんの計５人で運営されている

と思いました。

俊博さんは南相馬市で生まれました。以前はガソリンスタンドに勤務していましたが、スタンドがセルフサービスを導入したのを機に、一三年前、現在の仕事を始めたそうです。

ちょうどリサイクルブームが起こっていて、お客さんは主に近隣の南相馬市原町区・小高区、浪江町、双葉町、大熊町の人々でした。営業は順調でしたが、突然の地震、津波、原発事故によって生活は一変しました。

俊博さんの住宅、店も緊急時避難準備区域となり、俊博さんは妻の薫子さん、長女の茜さん、両親とともに群馬県太田市に移

仮設住宅などに住む人々は家具より生活必需品を先に買うそうだ。傘1本30円、大小の工具、古いラジオや鉄瓶などもあった。「数えたことはないけど1万点ぐらいあるのでは」。家具は別棟のプレハブに収められていた

住。今後の生活方針を考えていたところ、携帯電話に時々電話がかかり、電子レンジや冷蔵庫、テレビなど生活必需品の購入を相談されました。ほとんどの店舗が営業を中止していたので、皆、困っていたのです。

少しでも福島の将来に役に立つことができるのであればと、一家で戻って店を再開させました。震災から一年半後にはリサイクル店に次いで、大型スーパー内でアウトレット（わけあり新品）家具を扱う「セカンドエポック」を出店しました。

震災と原発事故から人口は激減し、売り上げは以前の三分の一に満たないそうです。でも、「店を必要としている人がいる限り頑張る」と俊博さんは話してくれました。被災地に明るく輝く店として、私の目に映りました。

▽南相馬市原町区大甕《おおみか》林崎41　TEL０２４４・２２・２０２１

福島

「夫は酪農では私の助手」

川俣町　斎藤房子さん

東日本大震災から七年目を迎える頃、福島市の東南約二二キロの川俣《かわまた》町で酪農を営む、斎藤房子さんの農場を、訪ねました。

房子さんの夫、憲雄さんは留守でしたが、牧場を継ぐ長男の久さんと二人で迎えてくれました。久さんは、隣の家に家族とともに住んでいます。

久さんは房子さんが留守の時、搾乳、エサを与えるなど牛舎の仕事もするが、主に牧草を半乾燥ロールにして発酵させた飼料を作る。牛舎の上の丘にロールが積んであった

午前五時過ぎ、外は暗い中、明かりのついている牛舎へ行くと、房子さんが一人で仕事を始めていました。五時から八時半ごろまで仕事にかかるそうです。現在は乳牛が二二頭。そのうち五頭は育成牛という子牛です。まず排泄《はいせつ》物を溝にかき落とすとそれが、移動ベルトで外へ運ばれます。乳を搾る前にぬれたタオルで牛の乳頭を拭き、電

房子さんの牛への愛情が伝わってくるような光景だった。朝は草を発酵させた牧草ロールとトウモロコシ、フスマなどの配合飼料。昼は干し草と配合飼料。夜はコメのついたワラを発酵させたホールクロップと配合飼料

動式の搾乳器を付け、全頭の搾乳が終わると、一頭ずつ餌を配る。搾乳器を洗うなど次の作業の準備をしていました。

酪農は父の信伊《のぶい》さんが一九五三年に始め、その前は養蚕をしていたとのこと。先祖が分かる範囲で、房子さんは一五代目ぐらい。房子さんは「夫はお婿さん、酪農では私の助手」と笑っていましたが、憲雄さんは定年まで福島交通でバスの整備を担当。現在は全日本年金者組合の川俣支部事務局長、県北農民連（農民運動全国連合会）の理事と忙しくしています。

東日本大震災の地震が発生した二〇一一年三月一一日午後二時四六分、房子さんと仲間は確定申告のためにワゴン車で役場へ向かっていました。車を止め、様子を見ると、電線が切れたり、屋根瓦が飛ぶなど危険だったので外へ出なかったそうです。役場へ着くと、

牛舎で尺八を吹く房子さんの友人・尺八奏者の橘三郎さん。沖縄の「芭蕉布」、宮城道雄の「春の海」に牛もリラックスしているようだった。右から房子さん、福島民商事務局長の大坂笑子さんと飯舘村議・佐藤八郎さん

窓ガラスが割れ、書類が散乱するなど申告どころではないので帰宅。古い家ですが、柱が太く丈夫なので崩壊は免れました。家にいた憲雄さんから、牛が鳴きわめいていたと聞いたそうです。

当時、牛は二五頭いました。原発事故でエサとなる草が汚染され、オーストラリア、アメリカなど外国の干し草を買いましたが、牛に合わなかったのか九頭が死に、放射能で汚染されたため五月三日まで牛乳を出荷できませんでした。その間の牛乳は全額補償され、自家製の牧草は一年半補償されましたが、死んだ牛の補償はなかったそうです。房子さんは「原発がある限り、事故の危険はつきまとう。再稼働などとんでもない」と断言しました。

▽福島県伊達郡川俣町大字秋山字大鹿24　TEL 024・566・3643

茨城

ピザが焼けるまでの時間も楽しんで

カフェはなな
かすみがうら市　吉川路子さん

農家の納屋を改装した「カフェはなな」を経営する吉川路子さんは、本格的な石窯で香ばしいピザを焼きます。地元でとれた野菜やベーコン、チーズと、食材にこだわっています。ひたむきにピザを作る職人の姿を写しました。

農家を改装した店からは落ち着いた雰囲気が感じられます。窓際のテーブルには、三〇歳前後と思われる女性客が二人いました。有線からジャズが流れています。ガラス戸を通して広い庭を眺めながらコーヒーを飲みピザを食べていると、「良い時間を過ごしている」という気持ちになります。

樹木、花のある庭は四季によって表情が変わるそうです。「ピザは一度に一枚しか焼けないので、待っている間、のんびりとした時間を楽しんでいただければと思っています」と路子さん。

生産者の顔が見える材料を使う。右は「マルガリータ」。モッツァレラチーズは近くの鈴木牧場産。左は「じゃがいもとベーコン」。ほか、季節の一品の食材も主として県産を使用

石窯にこだわっている。まきを使い300～400度の熱で焼いて外はパリッ、中はもっちりのピザにする

路子さんは、熊本県出身。鉄工関係で働く夫と共に茨城県石岡市に住むようになって二〇年になります。農民連（農民運動全国連合会）事務局に一五年勤めている間に、多くの人たちと知り合うことができました。

この先の生き方を考えているとき、コーヒーと県の農産物が結び付くような仕事がしたいと思うようになりました。そこで休みを利用して東京のカフェ学校に通い、コーヒーの入れ方、店の経営方法などを学びました。

ピザづくりの師匠は、「桜あんぱん」で知られる銀座・木村屋に勤めて世界を巡り、現在はNPO法人「男のパン工房」代表をしている石岡市出身の小松誠助さん。「マルガリータ」、「じゃがいもとベーコン」がいつも用意され、そのほか県産のキノコなどの季節の野菜や「つくばのしゃも」などを具にした一品が加わります。私が訪問した日は「れんこんと小女子《こうなご》」でした。

▽かすみがうら市五反田261の1　TEL0299・37・7778　日、月曜定休日

自家製の天然酵母。干しぶどうを発酵させて酵母液をつくる

サクラ、カエデ、ナラなどの広葉樹のまき。原発事故後、灰にセシウムが含まれていたので、このときは岐阜の木材を使っている。まきの入手に良い知恵があったら教えてほしいと話していた

栃木

職人の手際が生み出す芸術

鹿沼市　増子秀一さん

「木工の町」として知られる、栃木県鹿沼市。この地で木工業を営み、公募展「日府展《にっぷ》」工芸部門で何度も受賞している増子《ましこ》秀一《ひでかず》さんを訪ねました。

秀一さんの仕事場はJR日光線鹿沼駅から車で一〇分足らずで、その横は広い畑。ずっと向こうに日光連山、男体《なんたい》山《さん》を眺めることができました。

秀一さんは九人兄弟の長男として福島県大野村大川原（現・大熊町）で生まれました。福島第一原発のあるところです。事故当時、町の人口は一万六七二人。全員が避難し、現在も居住地域の九五パーセントが「帰宅困難区域」です。一時期、鹿沼の秀一さんの家に弟、おじ、おじの家族一一人が避難してきていたそうです。

秀一さんは大熊町で木材の家具を製造する指物師の下で

日府展入賞のお盆。装飾品として使う。お寺で果物を飾る。青果店、菓子店でその日の目玉商品を乗せる。使い方はその人次第。入賞した作品を売らずに、新築祝いなどの記念にあげてしまうことが多いという

秀一さんのこれまでの人生から生まれたいい笑顔と思った。一人で木材に向かって黙々と仕事をする。体の続く限り仕事ができるのは幸せと思う。秀一さんが積み重ねてきた技術と信頼のたまものだろう

六年間修業。その後、おじから紹介された鹿沼の原木材工芸会社で「木材家具は何でも作る」技術をマスターし、新築の家に家具を販売、取り付けをする会社に移り、全てを任されるようになりました。勤めながら、知人から頼まれた家具を作るうちに独立。現在の仕事場を建てて二〇年ぐらいになるそうです。

現在の仕事は、主に和室の欄間《らんま》に付ける家紋や神棚の飾り板などを、木材工芸会社からの注文で作っています。日本間が減少していますが、全国的には日本家屋の新築、修復が後を絶たず、鹿沼の木材工芸会社に、日本間に合う家具などの注文が集中しているそうです。

約四〇〇年前の一六三六年、日光東照宮造営の時に全国から熟練した宮大工や職人が集まり、鹿沼にも大勢滞在しました。鹿沼は良質のスギやヒノキなどの建築資材にも恵まれ、その人たちが残って木工芸が盛んになり、「木工の町」と言われるようになりました。派手に装飾された祭屋台も鹿沼の木工芸

欄間、神棚など日本間に合う家紋。秀一さんの妻、美代乃さんも家紋の下書き、装飾板のデザインをする

作品は芸術的だが「私は職人」と語る

を代表しています。

機械で板を切り抜いていく秀一さんの手際を見ていると、ほとほと感心してしまいます。秀一さんは日府展に作品を出品し、新人賞から努力賞、最高賞の日府賞など全ての賞を受け、その他の公募展でも受賞しています。

秀一さんが作った木製のお盆は、木の節の選び方から彫り、塗りまで、他の人には作れない芸術作品と思いました。

秀一さんは日府展工芸部門の審査員でもあります。将来の夢は個展を開くこと。取材当時七八歳でいらっしゃいましたが、夢のある人生です。

▽栃木県鹿沼市玉田町129　TEL０２８９・６２・６３９２

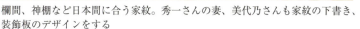

群馬

発想豊かな創作こけし

(有)藤川工芸　渋川市　藤川正衛さん

国定忠治が「赤城の山も今宵限り」と言って去った、群馬・赤城山。その裾野で「創作こけし工房有限会社藤川工芸」を営む藤川正衛《まさえ》さんを訪ねました。

工房はＪＲ渋川駅から車で約二〇分。群馬県前橋市総社町では、明治時代から、ろくろで木を削ったこま、けん玉、輪投げなどの玩具が盛んに生産されていたそうです。東北では約二〇〇年前からこけしが作られていましたが、群馬では昭和二五年ごろから。占領軍として米兵が大勢駐留し、日本土産として人気があったこけしに注目した職人が、総社町のろくろ技術を生かして始めたとのこと。

おかっぱこけしの頭になる部分を同じ大きさに木材を切る正衛さん。材質が白く、木目がそろっているミズキが使われる

群馬のこけしは、創作こけしと呼ばれ、おかっぱ頭の娘、よろいかぶとの武者、ドラえもんなど人気キャラクター、結婚式晴れ姿の新郎・新婦など、発想豊かなこけしが人気を集めました。戦後すぐは米兵に、その後は日本全国に広がり、今は中国、台湾、韓国ほか

木工旋盤を使って、おかっぱこけしの頭を削る息子の衛一さん。衛一さんも賞を受けている。展示室に「陽」「白と黒」と題のついた創作こけしが展示してあった

アジアやヨーロッパなど外国人観光客が購買の七〇～八〇パーセントを占めるそうです。

正衛さんの家は先祖代々、赤城村で生活してきました。正衛さんの父は米、麦などを作り、養蚕もする農家。正衛さんも中学卒業後、農業の講習を受けながら家業を手伝いましたが、一九五九年、一七歳で母の親類がいた総社町の石田玩具に住み込み、ろくろの技術を習得することに。六〇人ほどの職人がいたそうです。

三年間修業した後、家に戻り農業をしながら、自宅にろくろを据えてこけしの生地を作って問屋に納め、四、五年農業との兼業を続けましたが、こけし作りが忙しくなったので二七歳の時、農地は貸して、妻のまさ子さんと共にこけし作りを専業としました。

一年を過ぎたころ、近くの北橘《きたたちばな》村真壁に工場を建設。弟の和美さんをはじめとする職

人は五、六人となり、仕事も増え、二〇年後ぐらいに実家のある現在地に工場を移しました。今は息子の衛一さんなど全員で一〇人。正面の大きな工房には、ろくろや旋盤が並び、衛一さん、従業員の長谷川常造さんがろくろを回し、材木を削っていました。工房二階には展示室があり、「全群馬近代こけしコンクール」などで賞を受けた正衛さん、和美さん、衛一さんの作品が並べてありました。

　最盛期の一九六〇年から八五年ごろまでは一〇〇軒以上あった専業の群馬県こけし協同組合員も、「今では二〇軒ぐらいではないか」と正衛さん。こけし製作で多くの収入があれば、後継者も生まれ、技術を覚えようとするかもしれないが、厳しいとのこと。趣味・価値観の変化による売上げの低下などがあるそうです。

おかっぱこけしの全体を少し粗く削り、深みのある色付けで道行の女性の旅情を表している

藤川工芸の人々。左から萩原友美、藤川伸江、英子、まさ子、正衛、衛一、和美、有田安忠、長谷川常造、萩原宏和のみなさん

　しかし、売上げは落ちても一定の人気は保っています。正衛さんたちは、これからも優れた創作こけしを作り続け、「多くの人がその良さをあらためて感じる日が来ることを信じて頑張る」と言います。

▽群馬県渋川市赤城町持柏木63　℡0279・56・5500

新潟

雪を利用、伝統を後世に

小国和紙生産組合

長岡市　今井宏明さん、千尋さん

新潟県長岡市小国《おぐに》町に伝わる「小国和紙」。昔ながらの雪を利用して作られた小国紙は国や県の無形文化財に指定されています。今井宏明さんと妻の千尋さんが営む「小国和紙生産組合」を訪ねました。

雪深い小国町では、昔から紙の原料となるコウゾの皮を雪の上に並べてさらし、漉《す》いた紙を冬の間、雪の中で保存し、二月下旬から三月の晴れた日に干すという伝統的な方法で紙を作ってきたそうです。

残念ながらこの取材時にはまだ雪がありませんでしたが、皆さんが和紙作りに取り組んでいる様子を見て、日本の伝統文化に触れたような気持ちになりました。

小国和紙生産組合は一九八四年に、小国和紙を後世に残すことを目的に設立されたそうです。代表の今井宏明さん、

国道に面した直営店「おぐに和紙の店」には、和紙で作られた絵はがき、うちわ、ランプシェード、リボンなどがある。和紙でウエディングドレスも作られるという

紙すきをする千尋さん。きれいになったコウゾの皮を煮て、棒でたたいてほぐし、繊維状にして、水槽でネリ（トロロアオイ）を混ぜて、木枠の簾で平らな紙になるように揺すり、紙すきをする。千尋さんは文化学院卒業後、すべての工程の作業を習得している

妻の千尋さんを含めて一〇人が仕事をしています。宏明さんとJR長岡駅でお会いしました。東京・六本木ヒルズで催される日本酒「久保田」（朝日酒造）発売三〇周年記念イベントに出掛けるところでした。宏明さんは、地元産の「久保田」の和紙ラベルを手掛けており、日本酒セミナーで小国和紙を広報するそうです。

そこへオーストラリアに行っていた千尋さんと中学一年生の理子さんが戻ってきました。千尋さんは七年前から上小国小学校で小国和紙について教えていますが、オーストラリアの小学生が同小学校を訪れ体験授業をしたとき、和紙作りも見せました。

そのことがきっかけで今回、千尋さんはオーストラリアに一〇日間滞在し、ニューサウスウエールズ州の小学校高学年と中学生約五〇人に、スライドを見せながら小国和紙作り

の講義も行いました。その間、理子さんはお母さんとともにホームステイしていたそうです。長岡駅から和紙工房へ千尋さんの運転する車で行きながらお二人の話を伺い、母と娘で良い体験をしてきたと思いました。理子さんの将来にもプラスになるはずです。

和紙工房では、ちょうど和紙の原料となる収穫したばかりのコウゾを切断したり束ねたり、工房内では紙を漉き、温めた鉄板で紙を乾かすなどの作業が続けられていました。

紙すきが終わると、重ねてジャッキを使って水を絞り、温めた鉄板で乾かす。しかし、今でも小国和紙生産組合では伝統を絶やさないように、皮を雪の上に置く「雪晒し」、すいた紙を雪の中に埋めて保存する「かんぐれ」、太陽で乾かす「天日干し」も続けられている。鉄板に「久保田」のラベル用和紙を貼る中澤幸恵さん

右から宏明さん、千尋さん、娘の理子さん。長岡駅で

▷新潟県長岡市小国町小栗山145　TEL0258・95・3016

千葉

粋、さびの心を生かす技伝えて

手描友禅工房篠原

松戸市　篠原清治さん

京都、加賀と並ぶ三大友禅の一つ、東京手描友禅。東京手描友禅伝統工芸士・篠原清治《きよはる》さんの工房を訪ねました。

〝着物、京都、友禅〟というイメージがありましたが、東京手描友禅は江戸時代の中期、一八〇〇年代に上方から受け継がれ、町人文化の発展とともに粋《いき》、

。画家や彫刻家は芸術家といわれ、伝統工芸士は職人と呼ばれる。私は職
里子さんが「糸目糊置き」をする。置いた糊の内側に清治さんが「手描友
専門職）があったが、今は自家製とのことだった

さびの心が模様にも生かされ、雅やかな京、色彩豊かな加賀とともに三大友禅として栄えてきたそうです。

清治さんは、神奈川県川崎市で生まれました。父親は生地の地を染める「引染（ひきぞめ）」をしていましたが、今は兄の眞之さんが継いでいます。清治さんは、東京・神田の中林弘幸さんの工房で手描友禅の技を学びました。

京都では鴨川、江戸・東京では神田川の流れを利用していたそうです。それで京都では「鴨川染め」とも呼ばれ、江戸・東京では神田川に近い淡路町や須田町に工房が集まっていたとのことです。

清治さんは一九七五年に独立し、妻・裕里子さんの実家に近い現在の場所に住まいと工房を作りました。裕里子さんは歯科衛生士の資格を持っていましたが、夫の独立とともに工房の仕事に就

生地の染めも終わり、細かい模様を補正し仕上げをする。この後、着物に仕立てられる。清治さんはこの作品を3月の「染芸展」に出展した

仕事に集中している清治さんの表情をいいい人も芸術家も同じと思っている。清治さんの禅挿し―（色着け）をする。友禅の全盛時、

き、現在は衛生士のパートもしています。二人のお嬢さんも、長女・ゆかさんは専門学校で工芸を、次女・るりさんは女子美大でデザインを学びました。工房で下絵や友禅挿しを行い、工房の宣伝・展示会なども発案しています。

全ての伝統工芸に共通していますが、仕事は減少傾向に。清治さんの仕事も多くは呉服店からの注文ですが、結婚式や新年会、パーティーなどで着物を着る人が少なくなり、厳しい状況にあるとのことです。友禅は高いという印象や、自分で着付けができない、少子化・非婚化で結婚式が少なくなったことも影響しているそうです。着物を購入するお金を旅行やスマホなどに使いたいという女性が増え、着物を着る機会の多い茶道、華道、舞踊の習い事をする人も減少するなど時代の変化を受けています。

清治さんの願いは多くの人に着物の良さを知ってもらうことです。工房で作品の展示会を開き、伝統工芸士会で伝統工芸を教育事業として普及する一環として、小学校などで教えています。

▽千葉県松戸市上本郷4222の1　TEL047・364・9769

ネクタイ、財布、小銭入れ、眼鏡ケース、印鑑入れ、テーブル敷きなどいろいろな日常用品に清治さん、ゆかさん、るりさんの友禅が活用されている

作品展示室の清治さんと裕里子さん。自己宣伝が苦手という芸術家や職人は多い。清治さんも同様というが、近々、３人の染色を学ぶ女子大学生が手描友禅の体験教室に来る。下絵から仕上げまで講習するなどＰＲに頑張っている

東京

江戸文化担う木看板彫刻

工房まちす

江戸川区　細野勝さん

商店に欠かせない看板には、商売人の魂や誇りが宿っています。細野勝さんが手がける看板は木彫り。「千社額」などを製作する、今では数少ない木彫看板彫刻師です。小刀を握り、板と向き合う職人の技術や厳しいまなざしに迫りました。

細野さんは木材を小刀で彫って看板を作りますが、商業が盛んになった江戸時代から木彫看板が増え、最盛期は幕末から明治時代だそうです。

以前は看板の文字を書く、彫る、色を塗る、金・銀箔《はく》を押すなどそれ

細野さんは横浜生まれ。1950年、東京・築地の看板店に弟子入りして技を学ぶ。1966年に独立。作品が正当に評価されたときが一番うれしいそうです

ぞれの職人がいましたが、看板の注文が少なくなるとともに職人もいなくなり、今では細野さん自身がすべての作業を行っています。

築地の看板店から注文を受けています。最も注文の多かった一九七五年ごろは、年間一〇〇本から一二〇本を製作していましたが、今では年に一〇本ぐらいだそうです。

細野さんの主な仕事は「千社額」です。お寺の壁や柱に名前や店名、屋号が記された千社札を見たことがあると思います。願《がん》をかけて一〇〇〇の寺を目標に回る人の参拝証明と自己PRを兼ねた札です。

細野夫婦。妻の松子さんは地元の葛西出身。2人の心豊かな人生から生まれた良い笑顔だと思いました

友人や知人のすし店、青果店、鮮魚店などの開店祝いとして、有志が木彫りの千枚札を並べた額を贈る、それが千社額。しかし、野菜、魚、酒がスーパーマーケットやコンビニで売られ、ビル内の飲食店が増えるなど、店の様式も変わり、看板や千社額の需用も減少しました。木彫看板彫刻師は東京で五、六人。後継者は二、三人。東京以外にはいないとのことで、細野さんの息子さんもサラリーマンです。

木彫り看板は伝統工芸。細野さんの「技」が日本の文化を守るうえでいかに大切かと強く感じました。

▽東京都江戸川区東葛西5の50の5　TEL03・3689・3591

東京・浅草の浅草寺正面に掲げられている細野さんが彫った「観音堂」の看板。国内外から訪れる大勢の人々の目に触れる

「千社額」。細野さんが彫った札が並ぶ。例として１枚２万円。20枚の製作に約１カ月かかる

東京

江戸切子の技を継ぐ二代目

門脇硝子加工所　江東区　門脇裕二さん

瑠璃、赤、水色、緑、紫と、美しい色と模様の冷茶グラス、タンブラー、ビールグラス、ぐい呑み、ワイングラス、皿など。どれも職人の技がさえています

東京・江東民主商工会（民商）の門脇硝子《ガラス》加工所。メーカーからさまざまなガラス器を仕入れ、伝統工芸品・江戸切子の加工・販売をしています。門脇硝子の最寄り駅であるＪＲ亀戸駅は、私が六〇年近く前、定時制高校に通っていたころに毎日乗り降りしていた錦糸町駅の隣。同級生がいて何度も寄りました。そんな懐かしい駅で降り、門脇硝子に足を運びました。

江戸切子という言葉の響きがいいですね。日本の古き良き時代が想像されます。

硝子に彫刻する技法は江戸時代に起こり、明治になってヨーロッパのカットグラス技法とともに、それまでの日本にはなかった設備や道具が入ってさまざまな形の江戸切子が生まれたそうです。

完成品が出来上がるまで五つの工程があるそうです。ガラス工場で造られた原型に①割り出し＝切る模様の印を付ける。②荒摺り＝切子模様の基本的な線や面を削り取る。③三番掛け＝仕上がりの図柄に近づける。④石掛け＝光沢を出す前の工程。⑤研磨＝Ａ木盤磨き、Ｂ薬品磨き。その一つひとつの過程が職人の腕の見せどころです。裕二さんが桐の板を貼り合わせた木盤で研磨する作業を実演してくれました

グラスの素材を削り磨いている門脇裕二さんの姿から、日本の伝統工芸を守る職人の力強さを感じました。裕二さんは、約四〇年前に創業した父親の健二さんの技を受け継ごうと、高校卒業後六年間、埼玉の切子職人の下で修業。今は健二さんとともに門脇硝子を支えています。

健二さん、裕二さんは各地のデパートで催される物産展に出張し、卓上研磨機で実技を見せ即売します。切子硝子の良さを一人でも多くの人に知ってもらうためには、作品の展示会や実演も大切です。年に約四〇カ所出張するそうです。今回、門脇硝子を訪ねたとき、健二さんは仙台に出かけて留守でした。

今、日本の伝統工芸は、どの分野でも収入の低下、後継者不足という共通の問題を抱えています。家の構造や食習慣、

価値観の変化などが影響しています。江戸切子協同組合（旧・東京カットグラス工業協同組合）も、最盛期の一九六〇〜七〇年ごろは一八〇人（事業所）に迫る組合員がいましたが、八〇年代半ばに一〇〇人を割り込み、現在は約七〇人に減少。二〇人が父の仕事を継ぎ、そのうち四人は三代目となる二〇代です。とても明るい話題です。

裕二さんたちは、ホームページでのインターネット販売やインターネット上の位置ゲームへの参加など、いろいろなメディアを通して伝統工芸の良い点を広めようと努力しています。裕二さんはこの取材の後、上野松坂屋の催事場で一週間、実演販売の予定が入っていました。

▽江東区北砂3の4の23 TEL 03・3648・8676 ホームページ http://www.kadowaki-glass.jp/

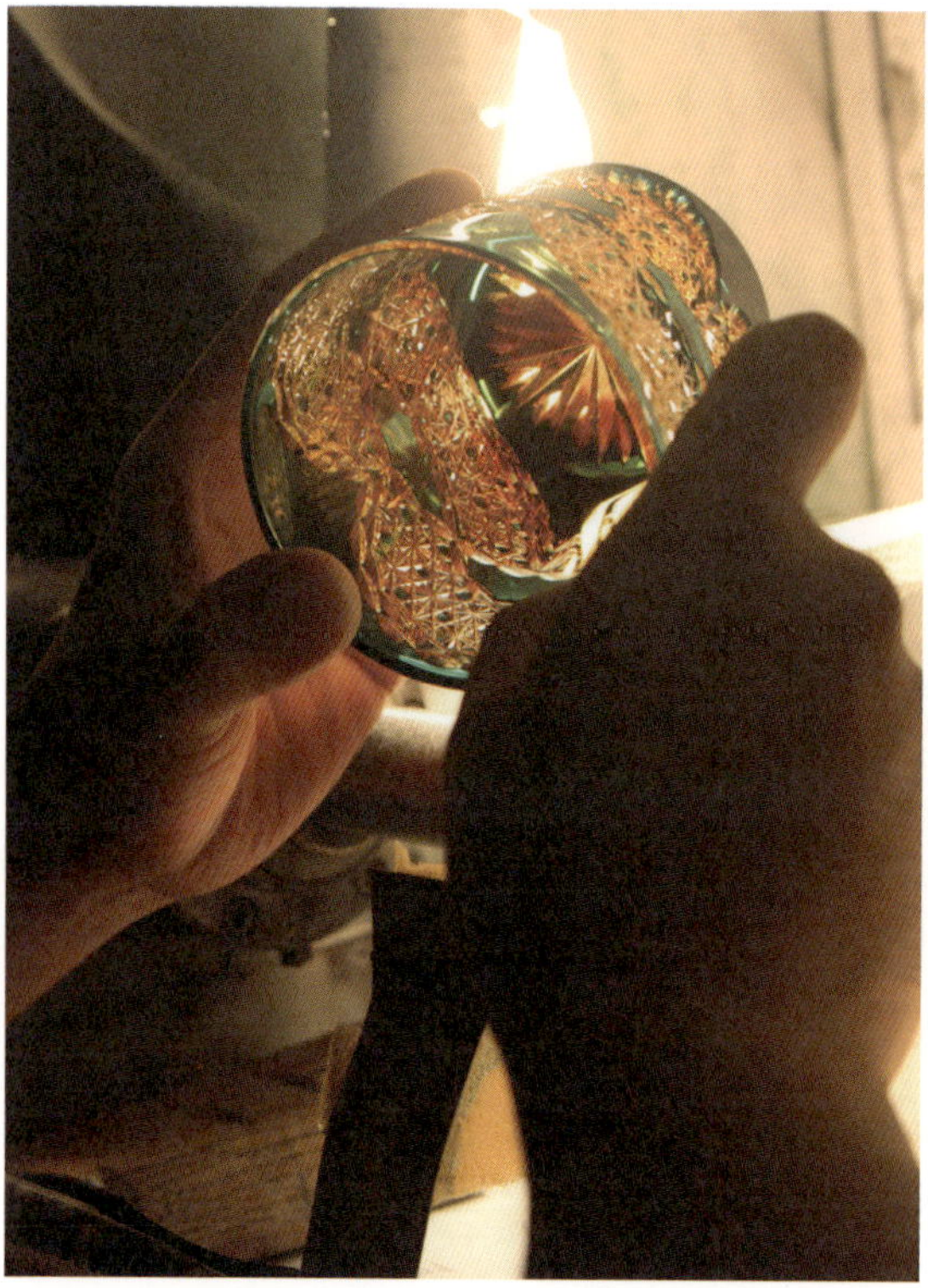

江戸切子の素材にはクリスタルガラスとソーダガラスがあり、クリスタルには鉛が含まれていて透明度が高く、重量感があり、グラスと氷のぶつかる音の響きが高く澄んで、とても良いそうです。ソーダは鉛を含まないガラス。写真は、曲線の加工が難しいクリスタルガラス

神奈川

「町工場は自由」もの作り支える

有限会社タチバナ製作所　川崎市　上村春浩さん

神奈川・川崎の上村春浩さんが経営する有限会社「タチバナ製作所」は、家族三人で切り盛りしながら、金型製造をしています。日本のものづくりを底辺で支える町工場の現場を訪ねました。

タチバナ製作所には、社長の上村春浩さん、妻の恵津子さん、息子の相宇《そう》さんの三人がいます。自動車などの部品をつくる「金型」の部品を下請けで製造する会社です。

一九五〇年代、私が東京都墨田区の定時制高校へ通っているころ、近くに旋盤を扱う少人数の「町工場」がいくつもありました。そうした光景を見てから約六〇年、上村さんの工場ではすべての機械がコンピューターによって作動しており、時代の流れを感じました。

上村さんは朝鮮民族です。春浩さんは二世、恵津子さんは三世なので、相宇さんは、「自分は三・五世かな」と笑っていました。タチバナ製作所は一九八三年に春浩さんが個人として立ち上げ、一九八八年に有限会社となりました。現在は相宇さんが中心となって運営をしています。相宇さんは桜美林大学経営政策学部を卒業しましたが、「機械とは相性が良い」とのことで、コンピューターの操作をして機械を動かしながらマネジメントもしています。

春浩さん、恵津子さんも、会社を任すことのできる頼もしい息子を持って幸せだろうなと心から思い

「作りたい物があれば単価を気にせず作る」と相宇さん（右）。春浩さんは息子を信頼しています

力強く光る美しい工具。作る物によって工具を変えていく

ました。

私は子どものころから本土で生活していますが、沖縄で生まれたせいか、高校野球甲子園大会で沖縄代表が出場すると熱烈に応援します。春浩さん、相宇さんに、サッカーで韓国と日本が対戦したらどちらを応援しますかとあえて伺いました。当然、韓国と答えると思っていましたが、「両方勝たせたいですね」とこだわりなくおっしゃっていました。

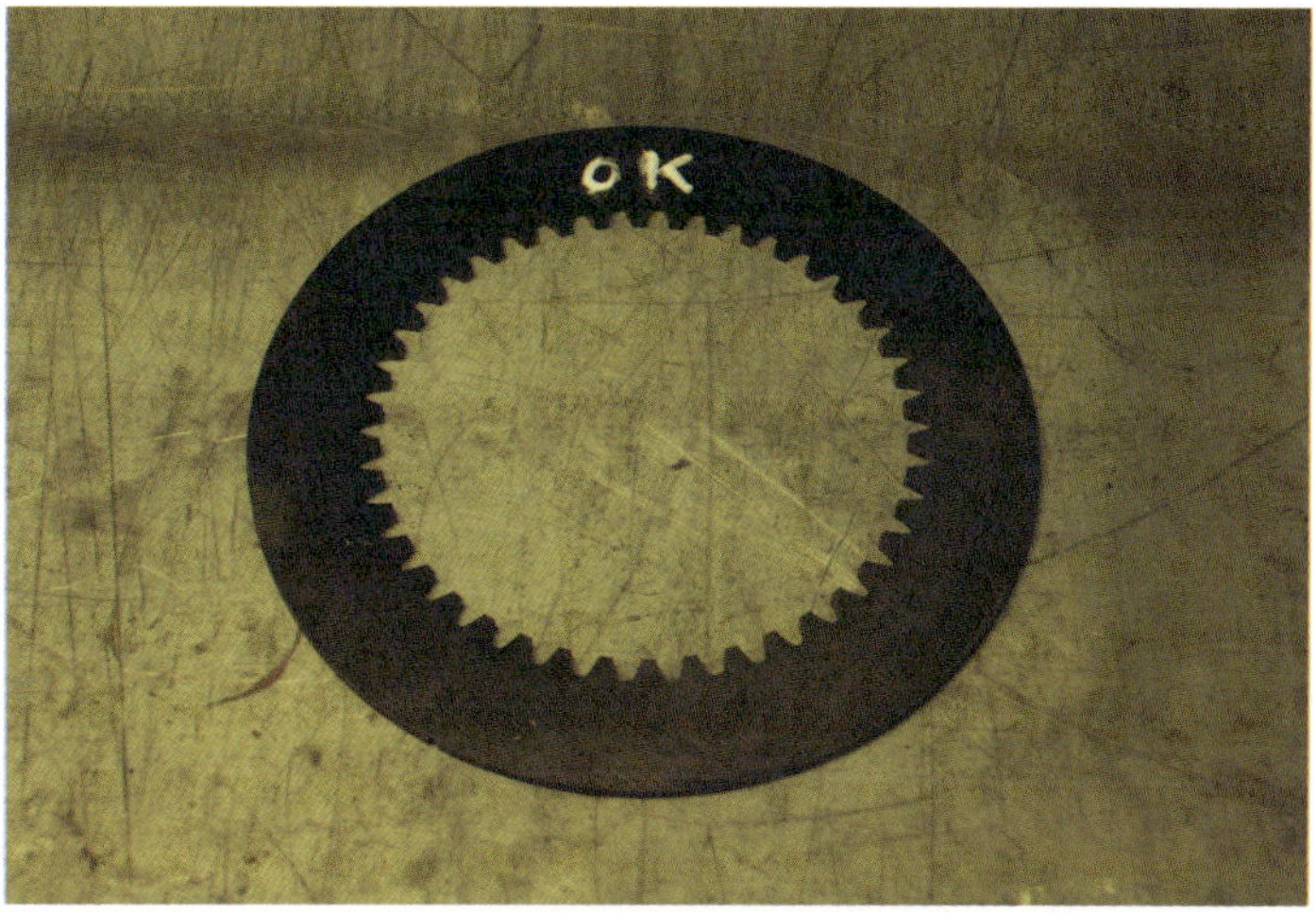

タチバナ製作所で加工した製品

恵津子さんも夫、息子と共に会社を支えてきた。相宇さんは「町工場の良い点は自由が利く。いろいろな仕事に挑戦したい」と意欲的です

▽神奈川県川崎市川崎区桜本2の40の15　TEL０４４・２６６・５１７３　ファクス０４４・２６６・５１９
8

埼玉

安全で美味しい牛肉届ける

国分牧場　東松山市　国分唯史さん

食の安全が求められている昨今、国分牧場を経営する埼玉・川越東松山民主商工会（民商）の国分唯史さんは、餌にこだわり、安心・安全の肉牛を育てています。三年前から直売店をオープンし、ハンバーグなどを販売。半世紀以上にわたって畜産に従事する国分牧場を訪ねました。

東松山駅は都心の池袋から急行電車で一時間足らず。駅から車で一五分ぐらいのところにある国分牧場の周辺には田園地帯が広がっていました。

国分牧場では、約三〇〇頭の肉牛を飼育しています。全部ホルスタイン（乳用種）です。黒毛和種よりは脂肪分が少なく赤肉がうまいのが特徴で、健康に良く、値段も安いとのことです。

牛舎の床は真っ白いおがくずが敷かれ、清潔な感じです。天井にはずらりと換気扇が並んでいます。牛たちは「見知らぬ人間がいるなあ」といった目で私を見つめていました。

国分家は先祖から地元で農業を営んできました。唯史さんの祖父・悌二さんは、満蒙開拓団に参加。満州（中国東北部）へ行きましたがソ連

右から母・まり子さん、唯史さん、妹の静香さんと夫の岡田政明さん。広々とした牛舎。牛が歩き回れるように広いスペースをとっている。天井に換気扇、床は常に清潔にして牛がストレスを感じないようにしている。それが味の良い肉に結び付くとのこと

軍の捕虜となり、シベリアへ連行されました。帰国した悌二さんは酪農を始めましたが、一九五六年に息子の衛さんが食肉牛の飼育に転向し、孫の唯史さんに引き継がれました。

北海道から生後七、八カ月の素牛《もとうし》を購入して二〇カ月前後まで育て、肉が軟らかい若牛のうちに出荷しています。

直売店ではステーキ、焼き肉の他、ハンバーグ、ウインナーなどの加工品も販売しています。唯史さんの妻・由佳さんの、三人のお子さんに安心できる肉やハンバーグを食べさせたいという気持ちから直売店が生まれました。ハンバーグも自家農園の無農薬で育てた玉ねぎを使用し、すべて国産とのことです。

アメリカでの狂牛病発生のときは日本でも肉の消費量が低下、宮崎県の口蹄疫《こうていえき》発生で素牛の値段が高くなるなどの困難もありました。ＴＰＰが導入されれば相当の打撃を受けることになりますが「多くの人に国分牧場のおいしい肉や加工品のことを知ってもらい、皆さんに食べていただけるよう頑張ります」と唯史さんは明るく宣言しました。

▽埼玉県東松山市古凍625　TEL０４９３・２２・１１２６

ステーキ肉。右からランプ150グラム、サーロインステーキ200グラム、リブロース200グラム、肩ロース200グラム。ブロック肉を冷蔵状態でスライス。最後に真空冷凍パックしてうま味が逃げないようにするそうです

国分牧場の堆肥を使用した稲わらとトウモロコシ、大豆かす、大麦、小麦、フスマ、米ぬかなどを独自に混合した自然餌。餌もおがくずも放射線検査を実施。これまで一度も検出されていない

山梨

「仕事は一生勉強です」

ボディーショップ・ノダ　南アルプス市　野田基さん

深まる秋の中で、向かったのは、富士山を一望する山梨県南アルプス市。親子二代で自動車修理工場を営む山梨・巨摩峡南民主商工会（民商）の野田基《もとし》さんです。

工場は、基さん、長男の基晴さん、従業員の三人で運営。基さんの妻・いさをさんも、男たちが気付かない点に気を配って会社を支えています。

基さんは、私より四歳下。敗戦後、日本全

基晴さん。へこんだ車体を、基さんが鍛冶屋時代の技術で自作した「アテ板」を当てて直し、傷を消し、塗装する。将来は、板金、塗装、販売、保険、車検など「トータル・カーサービス」をめざしたいと抱負を語った

工場で作業する基さん（左）と基晴さん。2011年に代替わりしたのを機に株式会社とし、基晴さんが社長、基さんは会長となった。工場は通りから離れて目立たないが、顧客はなじみや紹介が多い

体の経済力が低く、物質的に恵まれなかった時代を過ごしてきたという親近感を覚えました。

基さんのお話をうかがい、自動車修理のための機械、道具がたくさん並んでいる工場を見て、頑張ってきたのだなと思いました。

基さんは、工場のある南アルプス市（旧・中巨摩郡櫛形町）で生まれました。一九八四年、独立した時に住まいの庭に現在の工場を建てたとのことです。中学校を卒業後、県内の自動車修理工場に勤めましたが、自動車が少ない時代で、工場は農機具、牛馬の荷車用車輪なども製造する「鍛冶屋」も兼ねていたそうです。

当時は中学校を卒業すると勤める生徒が多く、私も新聞社の給仕をしながら定時制高校へ通いました。基さんは職人として、たたき上げです。取材中も、五～六人のお客さんが

基さんと妻のいさをさん。いさをさんも地元の人。「おとうさん（基さん）は自動車をよく勉強し、研究しています。大好きな車の仕事をしていけるのは幸福だと思います」「会計は私の係です」と、いさをさん

いて、社長の基晴さんが対応していましたが、工場をここまでにしたのは、まさしく基さんの実力です。

さらに感心したのは、ハイテク化していく自動車に対応するために、分解したコンピューターに目を通し、パソコンを駆使していることでした。

私は、パソコン、車の運転、携帯電話のメールなど全くできません。基さんの「仕事は一生、勉強です。勉強しない人は落ちていく」という言葉が体にじんと響きました。

「八〇歳くらいまでは頑張るかな」と言っていましたが、それ以上に頑張るだろうという迫力を感じました。

▽山梨県南アルプス市曲輪田759の1　TEL 055・283・0984

長野

「どれにしようか」の幸せ

パン工房はっぴーおじさん

岡谷市　長谷川清さん

長野のパン製造・販売、長谷川清さんの工房を訪ねました。「パン工房はっぴーおじさん」、面白い名です。店を訪ねるのが楽しみでした。私もパンは大好きです。

営業は午前七時から午後七時まで。午前九時に店へ行くと七、八人のお客さんの姿がありました。たくさんのパンの中から「どれにしようか」と選ぶのは幸せを感じるときです。大人気のカレーパン、とてもおいしかったです。

店を経営するのは地元の長野県岡谷市出身の長谷川清さん・洋子さん夫妻と長女の已和《みわ》さん。従業員五人を含め、皆さんとても忙しそう。工房内は生地の発酵や、パンの焼き時間を知らせるタイマー音が絶え間なく響き、活気にあふれていました。

清さんは二四歳で独立し、市内に自分の店を構えました。諏訪湖周辺は精密機械産業が盛んな地域。景気がいいときは、夜

店内にはパンの香ばしい香りが漂い、味にこだわるはっぴーおじさんのパンを買い求める地元の人でにぎわう

店自慢のキャラクターパン。己和さん（左）が絵を書く。2500円から5000円くらいで注文できる

食用のパンの注文もありましたが、リーマン・ショック以後、操業時間を短縮する企業が多くなってしまいました。家庭でもおやつ用の菓子パンを控えるようになり、現在の売り上げは九年前の半分に減少。「アベノミクスも私たちには関係ない」と清さんは顔を曇らせます。

それでも長谷川さん親子は元気いっぱいです。己和さんは「お客さまに気軽に来ていただけるような店にしたい」と抱負を語り、これまでにもいろいろな企画を実行してきました。平日は毎日、予約で親子パンづくり体験、五月五日には子どもの名前入りラスクやキャラクターパンの「良い子パンセット」の販売などです。

清さんは、「世界に一つだけのオリジナルパンを作り、喜び、驚き、感動、笑いを届けたい」と張り切っています。

▽長野県岡谷市長地権現町1の6の21　TEL 0266・75・5898　月曜日定休（祝日の場合

は翌日休業）

一家で忙しく働く。生地の発酵や焼く時間を知らせるタイマーの音が響く

工房の２階でたくさんあるおもちゃで子どもを遊ばせ共にパンを作って楽しむお客さん。５時間ぐらい過ごす

長野

山を再生する仲間たち

株式会社緑化創造舎　原村　野口拓さん

一〇〇年後の山の姿を見据え、大志を抱いて働く長野・諏訪地方民主商工会（民商）の野口拓さん＝林業。仲間と志を共有し、誇りを持って仕事に励む若者を訪ねました。

北海道から沖縄まで日本縦断徒歩の旅をしたとき、日本は山が多い国だと思いました。国土の六六パーセントは森林だそうです。昔から木は建築、家具、造船、燃料などの材料となり、山は大事にされてきました。

荒井和久さん。「ニュージーランドの酪農場で8年間、仕事をしました。帰国後、林業に従事しました。将来の木材が楽しみです」

太平洋戦争の空襲によって都市は焦土と化し、復興のために多くの木材が必要となり、林業が繁栄しました。しかし、外国から安い木材が輸入されるようになると林業は衰退し、山も荒れました。

武居康貴さん。「下水道や土木の仕事をしてきました。自然相手の仕事が自分に合っています」

高木宏文さん。「スノーボード・インストラクターもしていました。家に帰ってどう道をつくるか考えることがあります」

拓さんは二年間、アジア放浪の後、島崎洋路・元信州大学教授と出会って島崎山林塾に入門しました。二〇〇〇年、「緑化創造舎」を立ち上げ、長野県林業技能作業士（グリーンマイスター）の資格も得ました。

その後、弟の良さんほかの人々が参加。現在は総勢九人が仕事に就いています。一応、会社の形はとっていますが、全員が独立性を持ち、仲間同士という雰囲気だそうです。事業の内容、経理など会社のすべてがオープンにされています。

その仲間たちは山を再生し、林業を復活させ、輸入に頼らない木材の自給を目標にしています。そのために、コストが低くなるよう山に道をつくって運搬を容易にし、間伐によって木の成長を促す作業をしてきました。

茅野市財産区の埴原田《はいばらだ》で皆さんが楽しそうに誇りを持って仕事に励んでいる姿に感動しました。仕事仲間たちは自分たちの労働が何をめざしているのか、五〇年、一〇〇年先の山の姿を想像し、どんな時代を望んでいるのか、心ゆくまで話し合う時間を大切にしているとのことです。

左から野口美和さん、娘の南樹（なぎ）さん、拓さん。美和さん「仲間はいろいろな体験をし、苦労してきた人たちです。今の時代を一緒に生きる同志という感じがします」

野口良さん。「韓国で日本語教師をし、帰国後、コンサルタント会社にも勤務しました。自分の労働が世の中の役に立っている気がします」

▷長野県諏訪郡原村18014
TEL0266・75・3630

長野

屋根からは別世界が見えて楽しい

久保田板金　諏訪市　久保田雅和さん

今回は、私の家の屋根などの塗り替えをしていただいた民主商工会（民商）会員の写真です。初めは、掲載のことはまったく念頭にありませんでした。〝自分用の記録に〟と思って撮影しているうちに、塗り替えを考えている人の参考になればいいし、民商仲間の仕事内容を紹介したい、と思うようになりました。

屋根の塗り替えは、①屋根のさびを落とす②さびを洗う③さび止めを塗る④塗料を塗る—の順。作業をする華香さんと雅和さん。屋根の向こうに諏訪湖が望めます。「屋根からは、地上とは別世界が見えるようで楽しい」と華香さん。チョコレートブラウンの色をお願いした

私の家は、長野県諏訪市の標高九〇〇メートル地点を中心に、約一五〇戸の住宅が並ぶ住宅地にあります。以前は桑畑だったそうです。築四〇年になる中古住宅に、二〇年前から住んでいます。

屋根は、一二年前に近所の人に塗り替

左から堀田英昭さん、久保田雅和さん、堀田華香さん（英昭さんの長女）、塚平康公さん、玉井俊行さん。華香さんは専門学校へ進み、歯科衛生士をめざしているが、「その前にいろいろと経験を重ねたい」と雅和さんの仕事を手伝っている。雅和さんと堀田さん、玉井さんはほぼ同年代なので、あれこれ話し合うとのこと

えてもらいましたが、色もはげ、雪どけ水で天井に染みができたので、手入れを考えていました。近所の人はすでに亡くなられていたので、諏訪地方民商に相談し、会員の久保田雅和さんを紹介していただきました。

結果として大変満足しています。理由

塗り替えは、屋根・ベランダ・雨どいで実施。足場を組んで、要領良く作業が進められた。こうしたリフォームは、私の人生でも初めての経験で、不思議な気持ちで作業を眺めた

は、①仕事の出来栄えが良く、頼んだ箇所が見違えるようになったこと、②明解な料金設定、③同じ民商会員として親しみを感じ、会話が弾んだこと――などです。

雅和さんは、「お客さんに結果を喜んでもらい、あいさつから始まって依頼者との交流が進むことが仕事をしていて楽しい」と話していました。

雅和さんは諏訪市の生まれ。地元の高校へ通った後、下諏訪町のリフォーム会社に勤め、金属製の屋根と壁の張り替え、塗装の技術を習得しました。一〇年前に独立し、諏訪市と周辺の市町村の仕事を手掛けています。今回の私のように、民商の紹介による仕事もあるとのこと。

ていねいな仕事ぶりに感心した

私自身も、二五年前から民商会員になっています。最近では、沖縄の民商の人に普天間基地や辺野古、高江を案内していただいたり、全国の民商から講演の依頼があったりと、民商には何かとお世話になっています。

▽長野県諏訪市清水1の5の6
TEL 090・3083・1456

適材適所、融通の利く建築を

(有)栗田建築　掛川市　栗田博司さん

静岡県は、江戸初期から、駿府《すんぷ》城の築城や久能山《くのうざん》東照宮の造営などで全国から木工職人が集められ、木材加工が盛んです。木の家から社寺建築まで手掛ける、栗田博司さんを訪ねました。

有限会社栗田建築の事業内容は、住宅、店舗、事務所、工場、社寺などの新築と増築。そうした建物の改築と修繕は、水回り、屋根や壁の外装・内装、耐震工事など実に多い。要するに住まいに関しては何でもやってくれるのです。

木材を加工する工場と事務所は、新幹線の掛川駅から車で南へ約五分。お茶畑が広がり、お茶を加工する建物もあります。

博司さんは、一九五〇年九月にこの地域で生まれ、育ちました。栗田建築は同年四月に父の銀次郎さんが興しました。父とともに仕事をし、九六年に現在の有限会社に。博司さんは小笠掛川民主商工会（民商）副会長、県連共済会理事長としての任務も多いので、今は長男の道博さんを中心に運営しています。

博司さんと会社の事務を担っている妻のみちよさん、道博さんの妻の直美さんから話を伺っている時、現場へ行っていた道博さんが帰ってきました。近くで一軒の住宅が完成し、もう一軒を建築中とのことです。現在の社員は家族四人と、足立和嗣さんの五人。

栗田建築が一番忙しかった時は一九九〇年から九八年ごろで、博司さんの二人の弟と三人の職人で、年に五～六棟の新築を続けて建てていたそうです。その後、住宅の建築ブームは下降しましたが、その原因は景気の低迷、少子化、高齢化などとともに、大手ハウスメーカーの影響も大きいそうです。

道博さんの幼稚園からの同級生の３世帯住宅。祖母、両親、同級生夫妻とその子が住む。おばあちゃんはひ孫と住むので楽しみだろう。左から栗田建築の直美、道博、みちよ、博司、足立の皆さん。新築された家を見ていると、たくさんの木材が使われていた。ヒノキ、スギ、サクラ、タモ、クルミ、チーク。耐久性、硬さ、木目によって天井、柱、床など適材適所に使い分けられていた

しかし、「小さな工務店には良い点もいろいろある」と博司さん、道博さんは力説します。大手の場合、工事が進行すると途中での変更は難しいが、工務店の場合、融通が利くし、建築中にこのようにしたら良いとのアイデアが湧けば、提案もするそうです。家を建てて良かった、毎日が楽しいとお客さんに喜んでもらうことが一番うれしい、そのために全力投球といいます。建築の場合、そこに住む人の毎日の生活に関わってくるので、重要でやりがいのある仕事と思いました。

内装材には無垢材を適度に使用し、デザインはもちろん木が持つ調湿、断熱、リラックス効果などを考え、お客のオンリーワン住宅を造っている

毎年催される「掛川祭」の屋台（山車）も作った。社寺の建築も手掛ける栗田建築の技術が生かされ、大人から子どもまで祭りを楽しんでいる

▷静岡県掛川市板沢1563の１
TEL0537・22・5723
http://kuriken 025.com/

愛知

純国産の味、家族で打ち込む

五十嵐商店

北名古屋市　五十嵐登さん

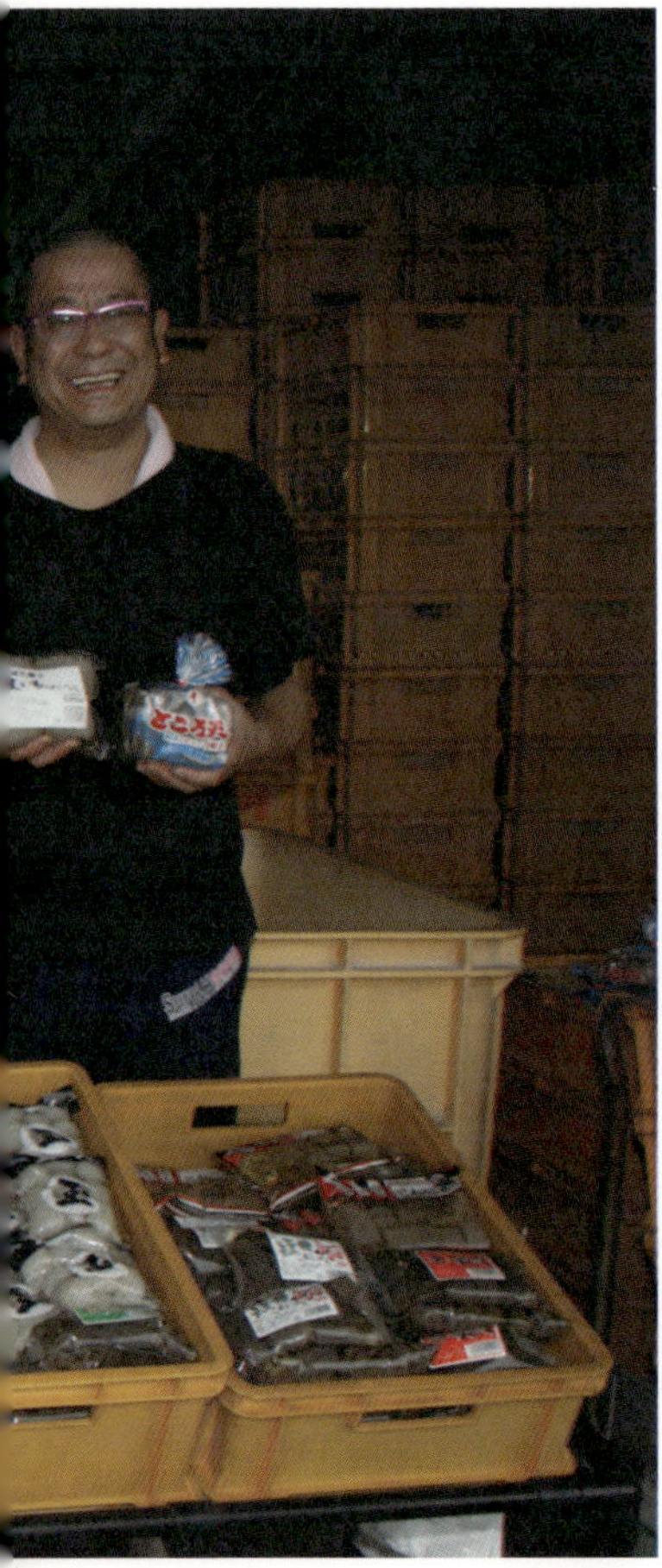

夏は喉ごしのいい「ところてん」が食べたくなる季節。五十嵐登さんが経営する「五十嵐商店」は、純国産のところてんとこんにゃくを製造・販売しています。家族ぐるみで仕事に打ち込む姿に迫りました。

「五十嵐商店」を訪ねたとき、「ところてん」の原料となる天草《てんぐさ》を煮ていました。蒸気が工場内にたち込め、主人の登さんがしきりに手ぬぐいで汗をふいています。夏になるともっと暑いだろうと思いました。妻のゆかさん、息子の祐人さんと一緒に仕事をしていました。

登さんは二代目です。名古屋市に生まれ、父のこんにゃく作りを見て育ちました。袋に入った「こんにゃく」は実に種類が多く、あれを食べたい、これも食べたいと楽

「多いときは50種類ぐらいになるかな」と登さん（右端）。袋詰めされた各種こんにゃくやところてんなどを手にするゆかさん（中）と祐人さん

しくなってきます。

青ノリ、唐辛子、ゴマ、ユズと四種類の「さしみこんにゃく」はそれぞれ色も鮮やかです。家に持ち帰り、早速、ワサビじょうゆで酒のさかなにしましたが、さっぱりとした味でいけました。

「こんにゃく」はサトイモ科のこんにゃく芋で作りますが、原産地はインド、スリランカ、ベトナム南部で、中国を経由して日本に伝わったそうです。

「五十嵐商店」の「こんにゃく」の袋には、手作り生イモ一〇〇パーセント、群馬特産イモ使用と記されています。五十嵐商店の自慢の品は「すだれこんにゃく」。糸こんにゃくを独自の製法で固め、味がよく染み込み、口の中でほどけます。

「ところてん」のシーズンには、多くのお客さんが、できたてを求めて店を訪れます。登さん、ゆかさん、祐人さん家族が汗にまみれて仕事をしている姿はいいものだと、うらやましく感じました。がんばれ五十嵐商店。

▽愛知県北名古屋市九之坪白山42 TEL 0568・21・1157 ファクス0568・25・9773

寒天液を箱に流して固めてところてんを作ったり完成品を包装したりするゆかさん。明るい声でハキハキと五十嵐商店の渉外役である

ところてんを冷やす作業。こんにゃくやところてんはスーパー、鮮魚店、青果店、給食センター、病院などに卸される

岐阜

焼酎が引き立つ徳利を求めて

有限会社丸ツ製陶所　土岐市　加藤満さん

岐阜・陶都民主商工会（民商）の加藤満さんは、美濃焼の「丸ツ製陶所」の三代目。「大分むぎ焼酎二階堂　吉四六《きっちょむ》」の焼酎徳利を専門に焼いている製陶所と聞いて、うれしくなりました。

私は以前、朝日新聞社のカメラマンをしており、夏の高校野球甲子園大会の撮影に何度も行きました。仕事が終わってホッと一息した時、よく大阪ミナミの「すみ」という小さな酒場へ行きました。その店でいつも飲んでいたのが吉四六でした。

満さんは土岐《とき》市で生まれ育った三代目。初代は主に丼と徳利。父親が亡くなり、満さんの代になってから二階堂の焼酎徳利を焼いています。

廃藩置県以前、岐阜県南部は美濃国と言われていました。土岐、可児《かに》、恵那《えな》、多治見《たじみ》など岐阜県南東部で焼かれた陶器が美濃焼と呼ばれています。歴史は古く、七世紀の古墳時代後期には焼かれていた形跡があるそうです。現在は、茶碗、皿、徳利など和食器、洋食器、中華食器、コーヒーカップなど、日用食器の五〇パーセント以上は美濃焼とのことです。

満さんは大学卒業後五年間、陶器商に勤務した後、製陶所に戻って、二階堂の徳利に専念しました。約三二年、二階堂の徳利を焼き続け、今は一日一〇〇〇本、月二万五〇〇〇本、年間二七～二八万本を

窯入れの準備をする。焼き上がり、窯から出ると、マジックのように美しい色に変わる。焼酎を飲む大勢の人の姿を想像し、楽しい時を過ごす場でもある丸ツ製陶所を守り育てる満さんは「一国一城」という言葉が好きという

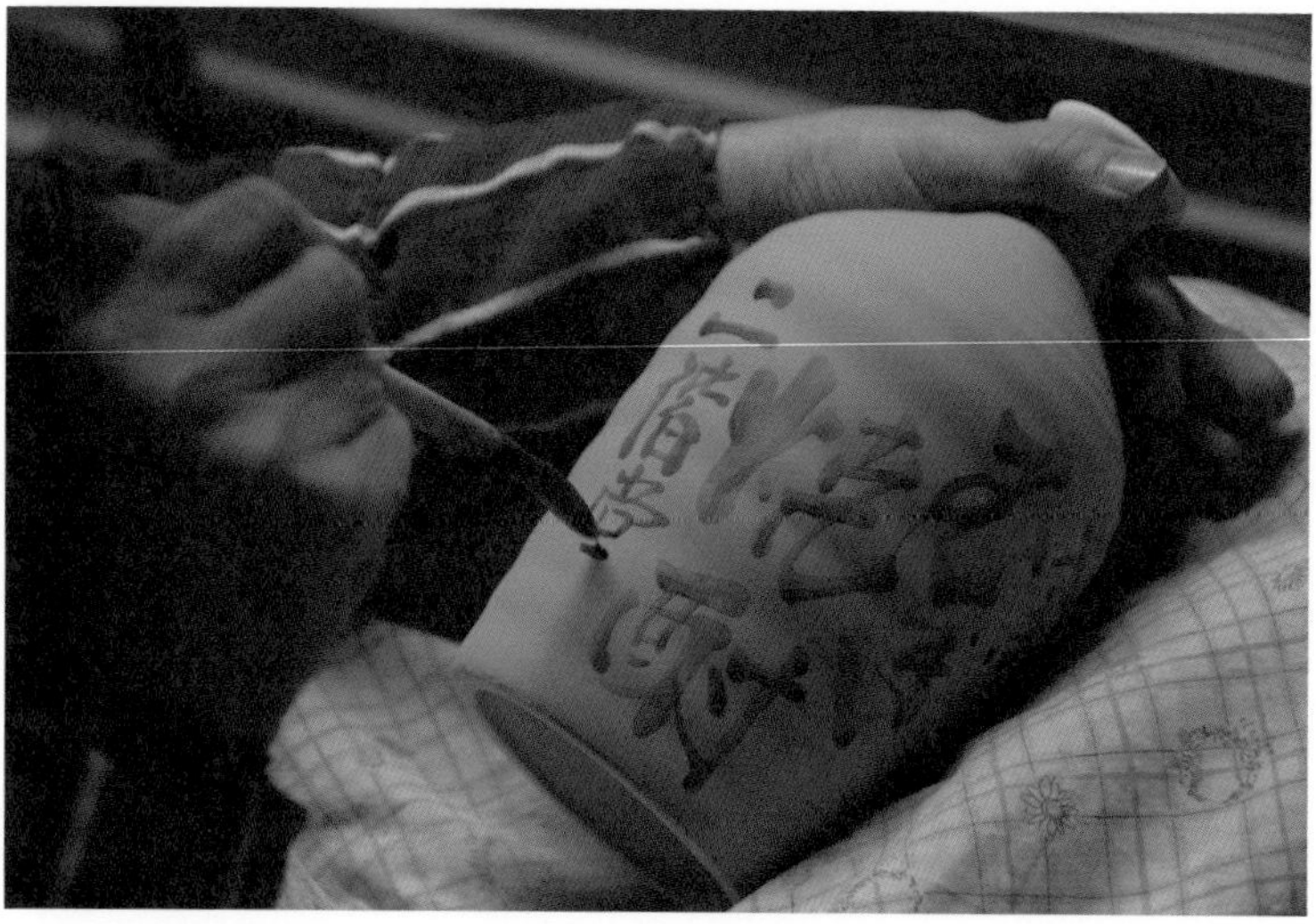

丸ツ製陶所では「焼酎徳利」と呼ぶ。「大分　むぎ焼酎　二階堂　吉四六」の文字が5人の女性の手でさっと書かれる。窯で焼くと文字が黒く浮かび上がる

焼きます。

四季の変化、雨の日、晴天の日、湿度・気温の状況によって焼く時間が違い、これまでの経験を生かしているものの、窯を開けるたびにうまく焼けているか緊張するそうです。

この徳利で焼酎を飲みたいというお客さんの要求を満たすために勉強・研究を続け、誰にも負けない焼き物を作りたい、と満さんは力を込めて抱負を語りました。緊張と研究を日々積み重ねる——そうした仕事を続けられるのは幸せだろうと思いました。
▽岐阜県土岐市駄知町1576　TEL0572・59・8083

右から満、妻の千草、大田、母のすみ子、加藤、池田の皆さん。この日は先に帰った人も含め10人が働いていた。美濃焼の里・土岐市に住み、長年、丸ツ製陶所の仕事をしている。女性が仕事をしている姿が好きだ。アジアの市場で働いている人の多くも女性だった。女性たちの支えによって焼酎徳利が作られる

通称「いこみ屋さん」と呼ばれる製陶所から入荷した徳利の原形を点検し、「二階堂酒造有限会社」の印を押す妻の千草さん

富山

高岡銅器輝かす漆の着色師

折橋銅器着色所

高岡市　折橋英明さん

漆がよく乗るように、酢酸や他の薬品を混ぜた液につけて、鋳物の地肌を荒らす

北陸新幹線が二〇一五年三月一四日に開業し、首都圏などから行きやすくなった北陸三県。富山名産の「高岡銅器（鋳物）」に漆《うるし》で着色する、高岡民主商工会（民商）の折橋英明さんが営む「折橋銅器着色所」を訪ねました。

高岡市の金屋町は、全国一の生産量を誇る高岡銅器発祥の町だそうです。江戸時代の面影を残す千本格子の家並みが連なります。

あちこちの家の前に、子どもや動物などのブロンズ像が置かれ、いかにも鋳物の町という感じがしました。休日には多くの観光客が訪れ、店に並ぶ仏具や銅製のワイングラスなどを買っていくそうです。金屋町の近くを流れる千保川《せんぼがわ》の橋の両側に、黄金色に輝く大きな鳳凰像が立っていました。こうした光景を眺めていると、昔からの伝統に支えられて築かれた日本の歴史を感じます。

慶長一四（一六〇九）年、加賀藩主・前田利長が高岡城を開城した時、城下繁栄のために金屋町に鋳物師《いもじ》を集めたのが高岡銅器の始まりだそうです。江戸時代から、大小の仏像、梵鐘《ぼんしょう》、鮮やかな彫金や着色が施された工芸品から、湯沸かし、きせるなどの生活用品まで日本全土に高岡銅器を広めました。仏具は現在も、全国の九〇パーセントを造っています。

磨かれた香炉、ローソク立て、花挿しなどの仏具は、この後、「焼き付け」が行われ完成する

折橋銅器着色所は、主に鋳造された銅製の仏具を漆で色着けするところです。着色師の折橋英明さんは、色着けを始めて三〇年以上。仏具を扱う問屋に勤務していましたが、「独自の道を進みたい」と友人の仕事場で三年間、着色の技術を学び、四〇歳で独立しました。

最初は原料となる漆で手や太ももなどがかぶれたそう

仕事をする折橋さんと大谷さん。窓の外は水田。稲や四季に応じた野菜が栽培され、息の合った会話に花を添える。折橋さんは高岡市生まれ。大谷さんは隣の砺波市生まれだが、長年、高岡市に住んでいる。お二人とも「銅器の故郷」高岡市を誇りにしている

です。業界では、仏具の土台となる鋳物を造る人を「鋳物屋さん」、その鋳物を研磨する人を「磨き屋さん」、漆で色を塗る人を「色着け屋さん」、鏨《たがね》で銅器に文様や文字を彫る人を「彫金屋さん」と呼んでいます。

大谷和枝さんは英明さんのところで色着けをして二八年になります。和枝さんが鋳物に漆を塗って、英明さんが仕上げに磨く。

高岡銅器の仏具も需要が少なくなってきているそうです。家を建てる人が仏間を作らなくなり、マンションでも仏壇はタンスや本箱などに置かれ、仏具も少なく、小さくなったとのこと。お寺での永代供養が増え、お墓も減少しています。

英明さんは、「健康第一」と毎日三〇分ほど散歩し、気分転換に富山のうまい日本酒を二合くらい飲むそうです。

▽富山県高岡市佐野691の1　TEL０７６６・２５・００７４

石川

飛鳥時代の組子、現代に

松井建具工芸

かほく市　松井良雄さん、裕志さん

親子三代続く建具職人――。「松井建具工芸」では、飛鳥時代から続いている組子の木工技術を松井良雄さんと裕志さん親子が現代に受け継いでいます。磨きぬかれた技術でものづくりに励む職人を訪ねました。

松井建具工芸は初代・松井仁作さん、二代目・良雄さん、三代目・裕志さんと、今年（二〇一三年）で八五年になります。玄関や部屋の戸、襖《ふすま》、障子などの建具のほか、木工芸品、茶道具、注文を受けて本棚、食料棚などの家具も作っています。

良雄さん、裕志さんは全国、石川県の建具展、伝統工芸展、現代美術展で数々の賞を受けています。二人は国の一級建具技能士の資格を持ち、木工芸家という肩書がありますが、「私たちは職人です」と言っていました。

木材に溝を掘る裕志さん。建具などをお客さんに渡した後の「ありがとう」がいちばんうれしいとのこと

私も職人という言葉が好きです。

木曽路・徒歩の旅をしたとき、長野県の妻籠《つまご》で一八〇四年創業という「松代屋」旅館に泊まりました。

茶筒に塗料を施す良雄さん。桑の木材が使われている。今は図面がコンピューターで計算されるが、良雄さんは尺貫法を使っている

木材の格子戸、やわらかい光の入る障子窓、襖で仕切られた部屋、透かし彫りの欄間など、日本建築の美を感じました。

裕志さんは、純和風の家が少なくなり、建具業界の状況は厳しいと言います。独立性を望む子ども部屋、洋式の居間や寝室など生活様式の変化や、ドア、窓、壁も工場で製造し現場で組み立て式にして建築費を安くすることなどが原因です。

裕志さん作の「組子入四枚立硝子戸」。全国建具展で労働大臣賞を受け、良雄さんの自宅で使われている。右は妻の松子さん。松子さんも障子張りなどして仕事を手伝う

ふんだんに木材を使った家や建具での生活を望む人は大勢いると思いますが、「あとがき」に少し書いたように、日本政府の政策は、こうした職人さん、業者さんたちの生活や営業を守るものとなっていないのではないでしょうか。国民の「ゆとりある生活」の願いからかけ離れているように感じます。

▽石川県かほく市高松乙2の25の1 TEL(ファクスも)076・282・5239

福井

子どもの喜ぶ姿見たい

人形劇団とんと　越前市　前田耕一さん

春先に、住居兼事務所のある福井県越前市で人形劇の仕込みをし、後は一年中、各地で公演を行う――。そんな人形劇団「とんと」を主宰する福井の前田耕一さんを訪ねました。

「とんと」の仕事場は落ち着いた静かな集落の中にありました。JR北陸本線武生《たけふ》駅から車で約二〇分。水田には早苗が並び、山にはスギとヒノキ、古い家には土蔵があります。耕一さんは、この地で生まれました。進学した福井大学で児童文化研究部に入り、人形劇と出会いました。

人形の土台は耕一さんが作る

約三〇人の部員がいて、人形劇の台本、人形、舞台、背景など全てが手作りで、演じて面白かったとのこと。夏期巡業では福井県内の児童センター、お寺、公民館などを回って公演し、子どもたちとも交流しました。一九七九年、長野県飯田市でプロ劇団の人形劇祭りを見て、人形劇を職業としている人々に触れ、大変刺激を受けたそうです。参加していた一二劇団のうち、サルカニ合戦をもとにした名古屋

耕一さんの悩みは後継者づくり。娘2人がいるが、「後継者は、人形劇の意義を理解する人であればどなたでも良い」と話している。耕一さんはこの仕事は健康第一と言っていた。営業、公演、会計など全部が耕一さん、律子さんの2人にかかっている。車に舞台、人形、照明、音響装置など、公演に必要な全ての道具を積んで、自分で運転して現場へ向かう

の「むすび座」の公演が強く印象に残り、大学を二年で中退、入座しました。座員は二〇人ぐらいで台本、人形作り、人形使い、演出など分業になっていましたが、新米の前田さんは各分野を手伝い、後に大変役立ったそうです。公演先は保育園、幼稚園、小学校などで、今も同じですが、子ども劇場が各地にあり、一度公演に出ると、一年ぐらい名古屋に戻れないこともあったとのこと。

前田さんは、むすび座で一〇年活動を続けた後、同じ劇団の太田律子さんとともに九〇年四月、福井市で「とんと」を立ち上げ、二〇〇三年に越前市に移りました。台本を書き、人形と舞台を作り、稽古もする。住居であり、公演の依頼を受ける事務所でもあります。とんとの人形劇の全てがここで用意されます。

子どもたちは感性豊かなので、面白い、つまらないなど素直に反応します。子どもたち

律子さんが「忍者まんまる」をもとにした新作の人形を作っていた。公演先は８割以上が保育園、幼稚園だが、そのうち６割くらいは毎年行くので、同じ公演をしないよう１年に１作は必ず新作を発表している。台本に合わせ、人形の顔や紙の色付け、衣装などを全て、律子さんが手掛ける

の喜ぶ姿を見ることが耕一さん、律子さんにとっての喜びでもありますが、それだけに新作の台本作りは苦労の連続です。公演は真剣勝負。それだけやりがいのある仕事だろうと思いました。

人形自体に表情がないので、見る人は劇の内容によって状況をイメージします。そこが役者の表情で見せる芝居との大きな違いで、「見ている子どもたちがそれぞれに人形の背景を想像することは大切」と耕一さんは言います。

一九八五年から九〇年ごろまで人形劇公演はピークでしたが、バブル経済が崩壊し、行政も文化活動の予算を削減する厳しい時代に。それでも現在、人形劇専門劇団協会に全国で大小四七劇団が加盟し、公演活動を続けているそうです。

▽福井県越前市池ノ上町67の39　TEL０７７８・２４・３１４７

三重

品評会で最高賞「これからも勉強」

松寿園　鈴鹿市　木村光男さん

二〇一四年の年の瀬に訪れたのは、三重・鈴鹿民主商工会（民商）の木村光男さんが植木の苗を生産する「松寿園」。

私は樹木や花が好きです。長野県に移住したのも、海は故郷の沖縄にあるから、山の近くで生活したいと思ったからです。野山、庭、鉢植えに咲く花や小さな植物を見ていると、気持ちが安らぎます。

光男さんのコンテナ・植木栽培場に、各種の植木が並ぶ様子を素晴らしいと思いました。あいにく小雨が降っていましたが、植物たちは喜んでいるようでした。

光男さんは先祖代々、鈴鹿市石薬師《いしやくし》町に住み、祖父と父も植木業者。光男さんは自動車関係の仕事をしたいと、地元の工業高校へ行くつもりでしたが、両親に説得され、農業高校に進みました。高校一年生の時に父が亡くなり、植

ビニールハウス内で。挿し木したアベリア・コンフェッティの苗をコンテナに移す作業。春から夏になると、外に並べたコンテナの除草をする

木業の道を歩む決心をしました。

卒業後、大学へ行く代わりに、苗の育て方や植木栽培、販売など植木のすべてを学ぼうと、地元の大手の植木卸業者に就職しました。四年後、二二歳で独立した時に、仲間が励ます会を催してくれました。

知事賞を受けたオタフクナンテン。ゴシキナンテンとも言われ、5回色が変わる。今後、この植物に力を入れていきたいとのこと

右から光男さんの姉・晃子さん、母・ちかさんは夫の仕事を手伝ってきたベテラン。「光男は初めは歯がゆいところもあったが、頑張って夫の仕事を継いでくれている」とうれしそうだった。光男さん、妻の未奈子さん、未奈子さんの友人・美穂さん。未奈子さんは2児の子育て、家事、仕事と三役をこなし、夫を支援する

その際、先輩が「バブルが弾けたこの時に、お前の力で大丈夫か」と指摘。悔しい気持ちでいた時に、親友の父親から「俺が、君の父親代わりになって支えるから頑張れ」と言われたそうです。

先輩を見返してやろうと、懸命に仕事をした一〇年後。先輩から「やっと良い物をつくれるようになったな」と言われ、うれしくなって思わずガッツポーズをしたとか。この二つの出来事で今の自分があると、光男さんは植木業への深い思いを語りました。

二〇一四年一〇月の第三〇回三重県植木品評会で、最高賞の知事賞を得ました。歴代で一番若い受賞者です。「これからも勉強して、多くの人に喜ばれるような植木を栽培したい」と抱負を述べました。

▽三重県鈴鹿市石薬師町3604の2　TEL059・374・0914

奈良

畳を必要とする家はまだまだ多い

たたみ工房たなか　宇陀市　田中太見夫さん

三重県との県境にある「伊賀忍者の里」で、三代一〇〇年にわたって畳の仕事を受け継いできた、田中太見夫さんを、訪ねました。

「たたみ工房たなか」は、近鉄線の赤目口駅から細い山道が続き、スギやヒノキがうっそうと立って昼間でも暗い。伊賀忍者の頭・百地三太夫《ももちさんだゆう》の館がありました。龍口《りゅうぐち》の百地家を移設して、食事どころになっています。物語や映画の世界の忍者が実存していたことを実感しました。

工房の近くに阿《あ》清水《しょうず》川が流れ、その向こうは三重県です。太見夫さんは祖父・文内さん、父・正一さんの畳の仕事を継いで三代目。畳のある日本家屋は昔から日本の人々の生活を支えてきました。しかし年々、生活様式の変化が進み、日本家屋に必要だった伝統工芸の仕事が減少しています。

二〇年ほど前は全国に二万軒あった畳店も現在は五〇〇〇軒になっているそうです。洋間が増え、以前は一軒に二〇～三〇畳使っていましたが、今は六畳ほどとのこと。「たなか」の仕事も少なくなっていると思いきや、逆に増えていると聞いて意外でした。洋室建築が多くなっても畳を必要とする家はまだま

「たなか」では、畳は機械縫いと手縫いがある。通常は機械で縁を縫っていくが、お寺や茶室など特別注文があった時は手縫い。個人客がメーンとなっている

だ多いとの思いで営業努力を重ね、少しずつ受注も増えてきました。

畳店の仕事は「新調」「裏返し」「表替え」の三つがあります。

太見夫さんは一級畳技能士の資格を持ち、職業訓練指導員や県から「ものづくりマイスター」の認定も受けています。この一五年ほど、地元の室生《むろう》中学校から年に一回、畳作りの体験学習に来ているそうです。日本の伝統工芸の技術を引き継ぐ後継者不足がどこでも悩みの種ですが、「体験学習に来た中学生が将来、伝統工芸に関心を持ってくれるとうれしい」と太見夫さん。

「たなか」では、西畑要一さん、久保田貴男さんが仕事をしています。市川海老蔵がテレビドラマや歌舞伎

公演で「石川五右衛門」を演じていますが、五右衛門が修行したというこの地を訪れる人が多く、太見夫さんと妻・ちか子さんは案内をする機会も多いそうです。田中さん夫婦は、忍者の里紹介にも一役買っているのだなと思いました。

▽奈良県宇陀《うだ》市室生龍口138　TEL０７４５・９２・２９６０

祖父、父と使ってきた道具と太見夫さん

畳職人として見習いを始めた久保田さん（左）と太見夫さん。久保田さんはイタリアを訪れた時、イタリアの家で洋室に畳、日本人形、びょうぶ、のれんのある空間を作りたいという夢を持ち、太見夫さんの下で修業している

和歌山

県の優良産品「超熟みかん」

勘繁園　湯浅町　勘佐繁夫さん

和歌山といえば、ミカン。ミカンの生産・加工を手掛け、県の優良産品にも選ばれた、勘佐《かんさ》繁夫さんの「勘繁《かんしげ》園」を、訪ねました。

私は和歌山へは二〇〇七年に行き高野山を参拝、〇九年に熊野古道を歩きました。JR紀勢本線に乗るのは初めてです。山々の斜面に広がるミカン畑が目に入ってきました。

繁夫さんの家は藤並駅から車で一〇分ほど。住居の横に、果物の冷蔵室やジュース・ジャムなどを加工する大きな作業場がありました。繁夫さんは五代目。祖父の繁造さんから屋号を「勘繁」としミカン栽培を続けていますが、先祖は武士として上総《かずさ》（千葉）からこの地に移ってきたとのこと。すぐ近くに次男・幸生さん、妻・友江さんと孫家族の家、その周辺に四棟のハウスがあります。ハウスで三カ月以上完熟させた「屋根掛け超熟みかん」は一月中旬から出荷し、県の優良産品「プレミア和歌山」にも認定されています。

米ぬか、鶏糞、牛糞、おが粉、シイタケほだ木などを混ぜて5年以上発酵熟成させるなど地面の力を向上させる堆肥作りに力を入れる

ハウス内には不知火が実っていた。左から繁夫さん、妻・恵美子さん、友江さん、幸生さん。時代の流れを見ながらアボカド、シークワーサーなどの栽培にも挑戦しているが、ミカンの味を高めるのが目標と、皆の一致した意見。各種ミカンを京都、東京、和歌山の市場に出しているが、さらに品質を高め、市場を拡大したいと幸生さん。花粉症に悩まされるが収穫の時は楽しいと友江さん

ハウスに入ると「不知火《しらぬい》」（デコポン）が実をつけ、果物の良い香りが漂っていました。ハウスは屋根を外し、温度を調節できます。一二月中旬から収穫が始まった不知火はそろそろ終わり、取材時（三月下旬）は露地栽培ハッサクの最盛期。四月中旬からセミノールとサンフルーツ。一二月完熟早生《わせ》ミカン。時期をずらして作業できるそうです。

勘佐さんの山、秋葉山へ登りました。九月中旬から沖縄原産のシークワーサー、一〇月早生ミカン、一一月キウイフルーツ、一二月不知火が採れます。

山の頂上から眼下に勘佐さんの家、ハウスのある集落が見えました。その向こうの山もミカン畑で、幸生さん、友江さんがハッサクを収穫しているとのことで、そちらへ。友江さんが低い位置、幸生さ

んが脚立で高いところの実を採っていました。澄んだ空気のミカン畑で、夫婦ともに働いているのはいい光景です。

　繁夫さんは幸生さんに勘繁園を任せているとのこと。長男は東京でコンピューター会社勤務。後継者問題もありますが、次男が社長になったのは理想的です。お孫さんも将来継いでくれるかもしれません。

秋葉山から見える紀伊水道、湯浅湾。太平洋に接している。右手前の小さな毛無島。後ろの苅藻《かるも》島は二つになっている。いずれも無人島。手前は栖原《すはら》地区。漁港に繁夫さんの釣り船が置いてある

　息子に任せたといっても、繁夫さんは、米と麦をポンと圧力で膨らませて甘味を付けたポン菓子や、余った麦を炒って粉にしたはったい粉、シークワーサーアメ、しょうがくず湯、不知火ジャム、シークワーサーサワーなど次々と作り出しました。

　家の周囲には果樹園、山もあり、海にも近い。ミカンと加工商品、頑張りがいのある勘繁園です。
▽和歌山県有田郡湯浅町大字吉川561　TEL 0737・62・3431

JAの販売所「ありだっこ」に並ぶ勘繁園製各種サワー飲料水。ほかにポン菓子、はったい粉、シークワーサージュースもあった。道の駅、明恵峡（みょうえきょう）温泉、二の丸温泉など10カ所の店に加工品を出品しているとのこと

滋賀

癒しの町で小さなタヌキの信楽焼

かなめ民芸　信楽町　奥田要次さん

陶芸の里・信楽《しがらき》町へ。信楽高原鐵道の始発、貴生川《きぶかわ》駅から一両や二両編成のかわいらしい電車に乗って進むと、山、水田、畑といった、のどかな風景が目に入ってきます。古い家が軒を並べている様子も見られます。

終点、信楽駅のホームに大小のタヌキの焼き物がずらりと並んでいる光景に驚きました。駅舎の横には大きなタヌキが立っています。駅近くの店は、どこもタヌキがいっぱいで、まるでタヌキの町のようです。

タヌキの焼き物は、①笠は災難を防ぐ、②笑顔は常に明るく、③大きな目は物事をよく見極める、④大きな腹は冷静大胆、⑤右手の通い帳は信用、⑥金袋は金運、⑦左手の徳利は人徳、⑧太い尾、終わりは何事もしっかりと立てる――八つの縁起があるので、商売をしている人に人気があ

乾かしたタヌキに和己さんが目を入れる。この後、色着けをして、窯で焼き、磨いて完成

窯の熱を利用して、窯の上で貯金箱のタヌキを乾かす要次さん。乾かした後、コンプレッサーで１個ずつ色着けをする。電気窯の中では、色の着いた完成前のタヌキが1200度で22時間焼かれる

るそうです。

キーホルダーやストラップなどに付ける小さなタヌキを作っている「かなめ民芸」。奥田要次さん、妻の立美さん、長男の和己さんが中心です。和己さんの義母で取材当時九八歳の宮田きよさんも、現役として午後から手伝いに来るとのことです。ほかに渡辺美津子さん、平尾ちゑ乃さんが仕事をしています。

信楽焼の歴史は古く、鎌倉時代にはすり鉢・壺・甕《かめ》などの日用品、安土桃山時代には茶道具、江戸時代は茶碗・土鍋・徳利。明治、大正、昭和の中ごろまで、暖房用の火鉢の生産は全国の八〇パーセントを占めたとのこと。石油ストーブが使われるようになって、火鉢は激減。現在は植木鉢や照明器具、庭園用テーブルと椅子、大型浴槽などが作られているそうです。

要次さんは、信楽町の大手陶器製造「近江

化学陶器」に職人として二二年間勤めました。火鉢の後、建築ブーム時の外装タイル、盆栽用の植木鉢などが製造されていました。

大戦直後から八〇年代の全盛期、信楽町の大小の陶器製造所には約一五〇〇人が働き、労働組合に加入していたそうです。要次さんと立美さんは結婚後、一九七五年に独立。そして、誰も手掛けていないタヌキやフクロウ、カエル、カッパの小物を作りました。

信楽高原鐵道終点。信楽駅のホームに並ぶタヌキ。観光客はまず、この歓迎を受けて心を和ませる

陶器作りの伝統ある信楽町全体が、落ち着いた、心の癒やされるところです。「かなめ民芸」周辺の古い家並みから昔の宿場を想像しました。

▽滋賀県甲賀市信楽町長野963　TEL０７４８・８２・１６００

右から和己さん、立美さん、平尾ちゑ乃さん、要次さん、渡辺美津子さん。平尾さんと渡辺さんは親戚。信楽町生まれ。二人とも色着け20年の経験がある

四季を染める繊細な石版染め

田中石版　京都市　田中靖雄さん

近くの聖護院門跡で桜の葉を見る田中さん。この葉が落ち葉になったら型をとるために使う

さまざまな技法がある京友禅の中でも、着物の絵柄を石版で染める「石版染め」は、ひときわ異彩を放っています。草木や花をモチーフにし、石版染めで繊細な線を表現する職人、田中靖雄さんは左京民主商工会（民商）の副会長でもあります。

高校生のころ、京都でろうけつ染めに打ち込む女性を描いた「夜の河」という映画を見ました。主人公を演じた山本富士子の着物姿と古都の風景がとても合い、強く印象に残っています。

ベトナムで生活しているとき、日本の四季や「夜の河」を懐かしく思い出すことがありました。今でも、着物を着た女性を見かけると思わず見とれてしまいます。

靖雄さんのお宅は、普通の家の奥が仕事場になっており、京都へ来たという感じがしてうれしくなりました。

暗く狭い仕事場で黙々と作業をする田中さん。染め上がった反物では、シダの葉が風に揺られているように見えました。

「私は収入のために仕事をするから、芸術家ではなく職人です」と田中さん。反物に合わせ桜、楓《かえで》、萩《はぎ》などたくさんある葉から選び、配置、配色を考えます。葉は落葉になったものを使うとのこと。田中さんは、それを型にして、顔料インキ（油性）を用い、魚拓をとるように染めるのです。もともと大理石の上で染めたので石版染めといわれました。現在は大理石の代わりにアルミニウムを使っているそうです。田中さんによって創作

油の入った顔料を版に塗り、形のないところは水を流して油と水の反発を応用して圧力を加えて染める

された柄の着物を着た女性、その姿を見た人の心が和み豊かになる。それは素晴らしい芸術の仕事だと思いました。

着物を着る人が少なくなり、昔は何人もいた石版染色家も今では田中さんだけ。後を継ぐ人も現れません。

成人式、大学の卒業式、結婚式で、着物を着た女性が多く見られます。夏祭り、花火では子どもたちも浴衣を着て喜んでいます。

田中さんの願いは「人々の生活が向上し、着物を着る余裕が生まれる社会になること」。そのために民商活動を続けています。

▽京都府京都市左京区吉田近衛町22番地　TEL０７５・７６１・７８２６、０９０・７９６２・７２２０

田中さんが染めた南天の葉の柄の反物

京都

多くの人が着物を着られるように

染匠あめや藤本　京都市　藤本最慶さん

伝統工芸に携わる人たちは、変わりゆく日本の生活の中で、どう仕事を発展させるか苦労しています。着物の良さを多くの人に伝えようと奮闘する京都の呉服店「染匠あめや藤本」を営む伏見民主商工会（民商）の藤本最慶さん、妻の千賀子さん、長男の信彦さんと妻・麻美子さん、長女・佐野千津子さんを訪ねました。

最慶さんによると、今、着物の販売状況はとても厳しいそうです。未婚女性が成人式などで着る振り袖、既婚女性の礼装用紋付きの留め袖、入学式や歌舞伎見物などに着る訪問着などを着ることが少なくなりました。若い人は振り袖を自分で着られない、高価なのに着る機会が少ない、手入れ・保管が大変、レンタルが増えた、着物よりドレスを好む人が増えた――などが購入減少の原因だそうです。

「どなたが見えても初めはお茶でもてなしをします」。群馬から来た着物アドバイザーのお二人を迎える左から信彦さん、最慶さん、千賀子さん

最慶さんが持つのは織物工芸家・龍村平蔵が描いた踊り桐「錦桐光悦」。千賀子さんの手にはそのデザイン。中央は完成した着物アート

最慶さんは立命館大学を卒業後、染め工房に入り、京友禅を勉強し、一九八二年に独立。裏千家茶道を学び、九一年には茶道教室も開設しています。

あめや藤本は、お茶席での着物作りが中心です。茶道の心を知ることが大切なので、家族全員が茶道を続けているそうです。

最慶さんは、着物の生地を買い、柄を考え、染めに出すなど、完成までの二〇工程をプロデュース。千賀子さんは、その間に、生地に汚れやほころびがないか「検反」をして次に回す。千津子さんは会計。信彦さんは日本全国の呉服店を回り、着物の知識を広め、販売促進に力を入れる。麻美子さんはいろいろと学びながら仕事を手伝っています。

多くの人が着られるように直売で安くしたり、着付けも自分で気軽にできるよう、自宅で無料教室を開いています。二〇二〇年の東京オリン

ピックでは全参加国の着物を作る企画があります。大阪国際大学を卒業後、あめや藤本で染織を学び、市内の寺院で茶道を修行した信彦さんのグループは、くじ引きでナイジェリアに決まり、二五〇を超す同国の部族をチョウで表現するなどして完成させました。

最慶さんは、「消費税が八パーセントに上がってから、売上げは半減し元に戻っていない。一〇パーセントになったら壊滅的な打撃を受けるのは必至。一枚の着物作りの二〇工程に携わる職人や問屋、呉服店にも影響する。消費税アップには絶対に反対」と力を込めました。

▽京都府京都市下京区高辻通西洞院東入堀之内町262の3

TEL０７５・３５４・３２１４

着物アドバイザーに反物の説明をする千賀子さん。３分の１は直売、３分の２は問屋を通しての販売とのこと

左から麻美子さん、信彦さん、最慶さん、千賀子さん、千津子さん。「あめや藤本」に店頭はなく、家の中に商品を並べ、茶室、中庭があった。染織作家の最慶さんは京都、東京などで何度も個展を催している

大阪

堺の伝統、極めて継承

森本刃物製作所　堺市　森本光一さん

「堺打刃物」は鍛冶《かじ》、刃付（研ぎ）、柄作り職人の分業によって作られる伝統工芸品です。最高の技術を持つ職人たちは、理想の刃物一本を作り出すことに挑み続けています。研師として、その技を極めるのは、森本光一さん。研ぎの伝統工芸士として、息子たちに技術を継承しています。

「堺」という地名から戦国時代の鉄砲の製造地、にぎやかだった港を想像します。堺にある日本最大の仁徳天皇陵をつくるとき、鉄の道具職人が全国から集められ、堺の鍛冶技術発展の基盤となったそうです。一六世紀、ポルトガルからタバコが伝わり、日本でも栽培される

包丁の柄の部分を調整する麻佐子さん。オリジナルデザインの柄をつくるのが楽しいと明るくハキハキと話した

砥石で仕上げをする光一さん。鍛冶工程がざっと20工程。森本刃物製作所の仕事が荒研ぎから仕上がりまで27工程。その後に柄がつけられ完成する。年に１回催される日本伝統工芸士作品展の審査員を９年務めた。堺工科高校の定時制と全日制で週２回授業を受け持っている。打ち刃物を通して、仕事とは何か、働くことは人々の役に立つためなど、これまでの経験から「刃物を研ぐ、心を研ぐ」を８年間、話し、実技も教える

ようになると、葉を刻む堺のタバコ包丁に徳川幕府が品質保証の「堺極」の印を入れて幕府専売品としたので、その切れ味が全国に知られるようになったとのこと。鉄を打って刃物をつくる堺の打ち刃物は六〇〇〇年の歴史があり、今でも国内の料理人の九〇パーセントが堺の包丁を使っているそうです。

光一さんは父親の宇一郎さんから研ぎの技を学びました。伝統工芸士の資格を持ち、堺刃物協同組合理事長、堺刃物商工業協同組合連合会副理事長を務めています。

卸、鍛冶、研ぎと三者の検品の目が光って堺の包丁の品質を高めてきたと光一さんは自信を持っています。

長男・守さん、次男・吉昭さんも研師です。守さんの妻・麻佐子さんも注文包

丁の柄の取り付けなどの仕事をしています。

今、日本の伝統工芸士による製品の需要が減少し、同時にその職を継ぐ人も少なくなっています。その原因は生活の変化です。包丁も「以前は山ほど仕事があった」と光一さんは言います。

家庭でパン、麺類の食事が増え、主婦も総菜を買うなど包丁を使う回数が減少、街でも洋食料理店が目立ち日本料理店が少なくなりました。それでも、光一さんは日本の伝統工芸を守り、その技を次の世代に継いでいきたいと静かに語りました。
▽大阪府堺市堺区南庄町1の2の22 TEL 072・238・5823、ファクス072・238・5825。ホームページは「森本刃物製作所」で検索

研ぎの完成品。左から本焼き（刺し身用）、単一の鋼材を使い包丁に焼きを入れ、鍛冶、研ぎと高度な技で作る。次が出刃。魚をおろし、鶏をさばく。次が鎌形薄刃。野菜をより薄く、細かく切る。次がニッケル刺し身包丁

切れ味を試す吉昭さん

兵庫

歌声、笑い声の絶えない施設

デイハウス・花くら、デイサービス・さざんか

宝塚市　大庭弘義さん

兵庫県宝塚市内の住宅街にある民家を利用して、小規模デイサービス施設「デイハウス・花くら」と「デイサービス・さざんか」を運営しているのは、宝塚民主商工会（民商）の大庭弘義さん。施設内からは、利用者や介護福祉士たちの歌声や笑い声が絶えません。

私も後期高齢者。介護保険証を持っています。今後、介護施設にお世話になることを念頭に、見学の気持ちで宝塚市の「デイハウ

テレビを見ていて食べたくなったという利用者の希望で献立を組み、お好み焼きを作る調理師の角田洋子さん。栄養士による献立はバランスに重点を置き、糖尿、アレルギー体質の人のメニューも個々に考えられている

ス・花くら」と「デイサービス・さざんか」を訪ねました。両方とも住宅地にある民家を利用しています。

まず「花くら」。庭にはたくさんの花木があり「さざんか」が咲いていました。四季に応じて草花が咲くそうです。

室内は、介護福祉士・古川照代さんの音頭による合唱で、利用者、スタッフの方々の笑いに包まれていました。「一日一回、笑って家に帰ろう」を、「花くら」と「さざんか」のスタッフは心がけているそうです。

利用者にとって職員は孫のような年齢となる。若い人が知らない戦争のときの話をしてくれる人もいるという。自分の考えを話したくなるような雰囲気づくりを考えていると看護師の田中美智子さん（左）

（有）さざんか役員の弘義さんは元共産党市議会議員。現在は介護福祉士、社会福祉主事の資格を持っています。

介護保険制度のスタートを機に、若い人たちの力が必要と大庭さんの長女・藤本弘美さんを代表として出資金を募り、元宝塚民商事務局長の田中光男さんの尽力などで、二〇〇二年に「さざんか」が発足しました。二年後に、市の長寿記録を持っていた木戸伝蔵さんの家が遺族の好意によって「花くら」として開設されました。

現在、登録されている利用者は、六五歳から九八歳まで、両施設合わせて五二人。「花くら」「さざんか」にそれぞれ小規模施設定員となる一〇人が通っています。

「花くら」の利用者。今、家族的な雰囲気の小規模施設が見直されている。体操は精神的にも良い。食事もおいしい。皆さんの明るい表情が何よりと宝塚民商元会長で利用者の西岡茂さん

今は、介護サービスを受けた場合、一律に一割負担ですが、来年から収入によって二割になります。私は今、政府のやるべきことは、東日本大震災被害者の支援と高齢者対策が最優先と思っています。そのためには、防衛費を削りなさいと言いたい。

「さざんか」の利用者と職員。スタッフは介護福祉士10人、看護師４人、ヘルパー、栄養士、調理師、ドライバーの計26人。介護福祉士の多いことが特徴。後列左端が大庭さん

▽宝塚市安倉中3の9の18　TEL0797・87・2938

兵庫

数百のウキを製造する職人

釣り工房

洲本市　漆原博さん、川端まりさん

「釣り工房」は、兵庫県淡路島で、海や淡水（川・湖沼）での釣り用のウキを専門に製造しています。漆原博さん、川端まりさんを、訪ねました。

ウキ職人歴40年近い漆原さん。各地の釣具店のオリジナルも作る。絵や電話で聞いてサンプルを作って送り、形が決定すると生産して、その釣具店のオリジナル製品として売り出される

淡路島という名からは何となく温かみが感じられます。引っ越しの好きな作家の故・灰谷健次郎さんが淡路島に住んでいた一九九四年六月、灰谷さんの家で漫画家・石坂啓さんと、灰谷さんが料理した鶏鍋をいただきました。野原に野菜を摘みに行ったことも記憶に残っています。デザートは庭に実っていたビワでした。

工場２階の完成品置き場。現在は数百種類を出荷しているとのこと。釣り場や釣る魚に合わせた、実にさまざまな形をしたウキがあり、驚いた

洲本港近くの工房は想像より大きな二階建てでした。ピークの一九八〇年ごろは、内職の人も含めると二五人以上が仕事に携わっていたそうです。一階にウキの材料となる発泡スチロールや木材の置き場と素材を切断したり削ったりする器具があり、二階は塗装場、仕上げ場、完成品置き場になっています。主として漆原さんが一階で製造、二階で塗装、川端さんが二階で仕上げ塗りと事務をしています。

漆原さんは四〇年近く前、二七歳の時に、先代の山野秀樹さんが社長をしていた、前身の「ＯＦ製作所」に入りました。洲本港に近いので海釣りウキが主力ですが、淡水用のウキもあり、合わせて数千種以上を製造していたそうです。海の深さ、潮の流れの速さなどでオモリの大きさ、ウキの大きさが変わるので種類も多いのです。

しかし、ウキを使用しない疑似餌（ルアー）

の釣りや、韓国・中国製の安い釣り具の入荷が国内生産者を脅かしています。小さな釣具店も減少し、大型店が増えているそうです。

漆原さんは一五年前、先代が亡くなったのを機に、一緒に働いていた川端さんとともに製作所を引き継ぎ、「釣り工房」としてウキ作りを続けてきました。全国に出荷していますが、特に大阪から西方面が多いとのこと。

仕上げ塗りをする川端さん。洲本市で生まれ、この道23年。漆原さんと２人で「釣り工房」を支えてきた。1995年１月17日午前５時46分、阪神淡路大震災発生。淡路島でも57人が亡くなった。川端さんは眠っていたが、兵庫全体でこんなに大きな被害が起こるとは思っていなかったと言う

釣りは外の空気を吸い健康的、精神的にも良い。例えば、釣り船に五〇〇〇円払ったとしても、魚を釣って帰ればおかずとなり、家族は喜ぶし、パチンコや競馬で失う金銭よりは少ないので、安心できるのではないか、と話す漆原さん自身も、趣味で釣りをするそうです。漆原さんの自宅前の船だまりには、所有する釣り船がありました。

右が長い発泡スチロールを裁断して芯を通した素材。左は折れないように、芯に鉄の棒を入れてウキの形に削ったもの。この後、25工程ぐらいで完成品となる。多い時は50工程近く、平均すると素材から完成まで35工程とのこと

▽兵庫県洲本市由良町内田182　TEL０７９９・２７・０６８９

岡山

海に陸に、なんでも出張修理

田口鉄工所　備前市　田口豊作さん

スポーツの好きな豊作さんは、日生バレーボール少年団の役員、監督となり、現在はコーチをしている。長女の麻衣子さんも以前はコーチ、次女の麻里さんも選手だった

田口豊作さんは、瀬戸内海でカキの養殖をしているカキ船やほかの漁船だけでなく、魚介加工工場など海上・陸上を問わず出張修理をします。「なんでも屋・レスキュー隊」を自称してあらゆる機械、電気関係ほか、修理だけでなく新しい部品も考案するそうです。

田口鉄工所には、旋盤ほかさまざまな機械が所狭しと置かれていました。豊作さんは出発の準備をしていました。カキ養殖場に出ていた船のクレーンホースが壊れ、港へ戻ってくるとのことでした。

豊作さんは一九四八年、岡山県備前市日生《ひなせ》町で生まれました。祖父、父親は漁業でしたが、豊作さんは機械が好きなので、備前高校（現・備前緑陽高校）の機械科へ入学しました。鋼材運送船、タンカー、瀬戸内連絡船な

港に戻ったカキ船の故障箇所を修理する豊作さん。伊里漁港は豊作さんの工場から車で５分ぐらいのところにあった。港には底引き漁船、ヨットなども停泊している

どの造船ブームで日本の高度成長の波に乗り、一九六四年、日生町には数百社の海運業があり、にぎわっていたとのことです。

卒業後、長崎鉄工、旭造船に勤めた後、日生町にある杉原溶接に約五年勤務。その後、引き継ぎ、現在の田口鉄工所となりました。話を伺っているときに修理を要するカキ船が帰ってきたので、伊里港へ。豊作さんは道具箱を下げて船に乗り込み、小雨の中で作業を開始しました。

機械だけでなく電気関係も修理するので、そのための道具箱も用意し、あらゆる要求に応えられる技術を備えていなければなりません。これは、豊作さんが長年にわたって身に付けてきた財産です。長男の靖浩さんも学校の機械科を卒業し、ともに仕事をしていますが、親の目は厳しく、今後の勉強が必要とのことです。

高速道路の発達や瀬戸大橋の建設などで運搬船、連絡船が減少し、かつては神戸から広島ま

で掛け持っていた仕事は減りましたが、それでも豊作さんの技術と経験を必要としている人々が大勢存在しているので、その人たちのためにも頑張ると元気いっぱいです。

相談すれば、どんな故障でも直してくれると知れわたっている豊作さんの工場では、修理に必要な機械、電気系統、あらゆる部品を自分で作る

▷岡山県備前市穂浪2373の4
TEL0869・67・3381

広島

食材で四季を表す懐石料理人

きせつや　福山市　川崎博義さん

広島・福山民主商工会（民商）の川崎博義さんが営む懐石料理店「きせつや」。その名の通り、四季折々の旬の食材を、そのとき一番ふさわしい方法で提供するよう心掛けてきました。毎朝五時に水産卸市場に出掛け、水揚げされた魚を吟味する――。新鮮な魚介類を使ったこだわりの料理に腕をふるう川崎さんに密着しました。

「きせつや」は、小さなビルの一階の角にあり、三〇年前から営業しているというのに、入口や店内は現代風で明るく清潔で、つい最近、開店した店のように感じました。「良い雰囲気の中で料理を味わっていただきたい」という博

鱧、鰹、真鯛の昆布締め、車海老の造り。取材した2014年7月上旬の献立から。このほか、揚物は鮎・素麺・生麩・小茄子・紅葉おろし・旨出し、焚合せは車海老・蛸・里芋・南京・蓮根・オクラ・すり柚子だった

義さん・富美子さん夫妻の気持ちが伝わってきます。

その心構えは、博義さんの市場での食材の仕入れの様子にも表れています。今日の献立に使う魚を、長年にわたって培った目で吟味していました。市場には福山から近い瀬戸内海や他県で水揚げされた魚介類がたくさん並んでいました。

昔、懐石料理は茶席で、会席料理は歌を詠み合う俳席で出されていたそうですが、今はお酒と料理を楽しむ人も多いそうです。

福山地方卸売市場（水産卸売場）。博義さんは「市場に来ると元気になる」と目を輝かせる。以前は市内の鮮魚店、日本料理店も多かったので、もっと活気があったという。きょうの献立用にハモ、オコゼ、イカ、サザエ、アユを買った

博義さんは四季に応じて旬の魚介、野菜を使うので、一カ月に二度、献立と器を変えています。箸の敷紙にも季節を表し、六月下旬はアユ、七月上旬は七夕の絵を添えました。

博義さんは、大阪・新世界の料亭で料理を学び、一九八四年、三二歳の時に現在の店をオープンしました。日本経済の状態が良いころ

訪ねた時、博義さんは、夏の味覚であるハモの骨切りをして料理の準備をしていた。職人の技がさえていた。昼の定食もある。妻の富美子さんは3人の子育てを終えて店に専念している

は、会社が接待で使用することも多かったそうです。不景気の現在、周辺に居酒屋も増え、店の運営も厳しくなりました。それだけに「値上げせず、おいしい料理を提供し、くつろいで良い時間を過ごしていただけるよう頑張ります」と決意を示しています。

取材当日、安倍首相が集団的自衛権行使の容認を閣議決定しました（二〇一四年七月一日）。「国民に十分な説明をしないままに決めてしまった。本当に信じられない。他の閣僚たちも反対しないし、秘密保護法制定、TPP問題など憤まんやる方のない気持ちです」と博義さんは怒りを表していました。

▽広島県福山市南町10の10 Yビル1階 TEL 084・924・5581。営業時間＝12～15時・17時～21時、定休日＝水曜日。1、16日は昼休

広島

「美しくありたい」を応援

平和宝石　広島市　大知輝夫さん

原爆ドームのすぐ近くのビルの五階にある「平和宝石」。広島民主商工会（民商）の大知輝夫さんが三五年前、平和を願って開業しました。代表取締役の輝夫さんと妻・純子さん、長女・竹藤真奈美さんと夫・信介さん、次女・大知恭子さんの家族五人で営む平和宝石を訪ねました。

私は広島と長崎にとても愛着を感じています。それは、私の故郷である沖縄同様、日本の戦争によって大きな犠牲を受けながらよく頑張ってここまで復興してきたという、人々に対する尊敬のような気持ちがあるからです。

平和記念資料館前から平和記念公園内を歩いて、平和宝石へ。原爆ドーム前にはアジア、ヨーロッパからの大勢の観光客

真珠やダイヤモンドのネックレス、指輪などが並ぶ明るい店内で家族五人が対応してくれました。輝夫さんは、広島県大竹市玖波で生まれました。定時制高校を卒業後、損害保険関連の団体に二〇年勤めました。働く人々の権利を守る仕事に打ち込んでいる時、過労から体調を崩し入院。病気をきっかけに、

輝夫、純子夫妻。背後に張ってあるポスターは1993年、平和宝石創立10周年に催したシンガーソングライター梅原司平コンサート。同氏が作詞作曲した「折り鶴」は現在、広島の各校の生徒たちに歌われている。平和宝石が現在あるのは、輝夫さんの人徳・教養にあると感じた

新しい仕事に取り組みたいと宝石店に弟子入りし、宝石鑑定学校にも通い、一九八三年に平和宝石を設立しました。

なぜ宝石店か。女性は美しくありたいという気持ちを持ち、装飾品を身につけ、男性は恋人により美しくなってほしいとネックレスや婚約指輪などを贈りますが、宝石は安くはありません。「信頼できる宝石店があれば」という、仲間の女性の言葉に動かされたそうです。「より良い宝石をより安く買ってもらい、お客様の喜ぶ姿に生きがいを感じる」。そのために信頼を積み重ねていくのだと話してくれました。

平和宝石は広島県学校生協、県高校生協の指定店、広島市職員互助会特約店になっています。この指定を受けることができたのは、積み重ねてきた信頼によるものです。各学校へ宝石を持っていき、職員室近くで展示します。休憩時間は、昼食後、放課後と短時間なので、休日に店

へ来てゆっくり見る人もいるそうです。市職員互助会は市職員、保育所、公民館、図書館、病院、福祉施設などの職員が加入しています。

家族五人全員で出張販売や店内の展示、インターネット販売とフル回転です。輝夫さんは県学校生協指定店会の事務局長、市職員互助会特約店の理事も務めます。平和宝石の将来の展望は、心の宝石としての店、働く人々のおしゃれに貢献できる店、人生の感動を共有できる店、心のよりどころ、安心・信頼のできる店にすることだそうです。

▽広島県広島市中区大手町1の1の26 大手町1番ビル5F TEL082・577・6664

商品をチェックする信介さん（左）。貴重な男性スタッフとして輝夫さんを手助けしている。右は出張、来店の客や電話の対応と忙しい真奈美さん。おなかに誕生を待つ赤ちゃんがいる。将来、店を継ぐかもしれない

恭子さんも出張販売に出向く。各団体や、志を同じくする他のお店と協力・共同してのイベントも開く

鳥取

高い技術、伝統文化守る

小林表具店　鳥取市　小林隆夫さん

日本の生活文化から失われていった、屏風《びょうぶ》・襖《ふすま》などの表具。父の代から六〇年以上、伝統文化を受け継ぎ守ってきた小林隆夫さんの「小林表具店」を、訪ねました。

中小業者の取材を続けていると、生活様式の変化とともに伝統文化が衰退していく過程が分かります。同時に日本の文化を守ろうと懸命に取り組んでいる人々の姿に感動します。

隆夫さん、弟の正道さん、隆夫さんの長女・さえこさんは、屏風、襖、掛け軸の修復をしています。

戦後ある時期まで、大きな家では結婚式の披露宴は広間で行われ、新郎・新婦の背後には、屏風が飾られていました。屏風は大小あり、四枚または六枚からなる折り畳み式になっています。

修復は、絵や紙の汚れを落とし、虫に食われた穴を埋める。色がなくなっているところは原画と同じように補色する。原画をそのまま残して、紙を白くするとのこと。正道さんの手元を見ていて高度の技術を要する仕事と思った

仕事場の隆夫さん（手前）、正道さん、さえこさん。40年間、鳥取市内の別の場所にあったが、８年前、道路拡張の際、移転した。一部、古い材木を使い、古民家風にして天井を高くしている

実用的には風や視線を遮り、和室の装飾品でした。襖も部屋の仕切りとして古くから使用され、寺院などの襖絵は芸術品も多数ありました。最近の家は洋室が増え、襖が少なくなりました。

掛け軸は以前は小さな住宅でも床の間に飾っていましたが、現在は和室はあっても床の間がない建築が増えました。屏風、掛け軸を大切にしていた世代から二代・三代と移るに従い、その価値が分からなくなり焼却処分する人もいると、隆夫さんと正道さんは嘆きます。

隆夫さんの父・智隆さんは、鳥取県岩美町で表具の職人をしていましたが、敗戦前、現在の北朝鮮へ渡り、鉄鉱石発掘の調査をしていました。隆夫さんは一九四三年に北朝鮮で生まれました。敗戦後、智隆さんは故郷へ戻り、表具店の仕事を再開。隆夫さんも中学時

代から仕事を手伝い、高校卒業後、本格的に父から技術を教わりました。正道さんも手伝うようになりました。

一九六〇年ごろからの建築ブームで、壁紙やクロス貼りの注文が増えました。襖の貼り替えや、屏風・掛け軸の価値を理解する世代も健在で、その直しも多かったそうです。

家庭生活から屏風、襖、掛け軸はだんだんとなくなりますが、各地の博物館や寺院には残っています。しかし、その修復は世襲の文化財専門の業者が受け、町場の工房には仕事が来ないそうです。「国は日本の伝統文化を大切にしようと言っていますが、このような状況では後継者も育っていかない。残念です」と隆夫さんは話します。
▽鳥取県鳥取市高住5の6　℡0857・28・0320

掛け軸の絵の裏を補強し貼り替えをするさえこさん。お客が大切にしている絵や書をきれいにして、裏に薄い紙を貼って補強し掛け軸にしたり、額に入れたりもする

鳥取

三六五日、魚と取り組む人生

活魚ふじ　琴浦町　前田二千三さん

日本縦断徒歩の旅（二〇〇三年）で鳥取県の旧赤碕《あかさき》町（現琴浦町）を海岸線に沿って歩いたことがあります。この町で本店「活魚ふじ」と支店「魚料理・海」の二店舗を営む、前田二千三《ふじみ》さんを訪ねました。

天候は荒れ模様で時々ふぶいていました。JR山陰本線赤碕駅から本店の「ふじ」まで七、八分。朝九時半に訪ねると、女性の従業員四人が昼食時の営業に合わせて準備をしていました。支店の「海」は男女合わせて八人。支店の食材も本店で準備するそうです。その様子を見ていると、声を掛けるのもはばかられるぐらい全員が無駄なく動いていました。

本店の中央にある舟をそのまま使ったいけす。ハマチが泳いでいた。他にカニ、サザエ、カワハギなど別々のいけすがあった

お客は琴浦町とその周辺で仕事をしている人たち。また、ゴールデンウイークとお盆を中心に全国か

開店前、本店で仕込みをする二千三さん。カウンターには支店で並べる販売用のアジやカレイ、サバ。ケースの上には処理済みのハマチ。後ろの調理室ではモサエビ（猛者海老）の入ったみそ汁を作っていた。一番忙しい時だった

ら大勢の客が海鮮料理を目的に訪れるとのこと。

二千三さんは絶えず従業員に仕事の指示を出しながら、自分も外の冷蔵室へ魚を取りに行き、魚をさばき、販売用の魚を選ぶなど動き続けていました。調理場で汁の湯気が上がり、用意された食材は次々と車で支店へ運ばれます。

支店は本店から車で国道九号線を走ること六分、「日本海を食べに来てごしなれ」の看板が見えました。

店の入り口にカレイが干してありました。二千三さんが朝五時に来てつるしたそうです。すでにお客がいましたが、ふぶいているので少なめ。多い時は駐車場に入りきれず、遠くに車を停めて店で順番待ちをしているそうです。

入り口に販売用の各種魚が冷蔵ケースに並

私も昼食に食べた海鮮丼。独特のタレをまぶした新鮮なハマチ、シロイカ、マグロ、サワラ、サケの5種類が山盛りだった。みそ汁には殻の付いたモサエビが2尾入っていた。これで880円だったので大満足だった

べてありました。調理場ではフライ、天ぷらを揚げ、二千三さんが海鮮丼を作りました。

魚屋さんだった父親が高校三年生の時に亡くなり、自分で独立して約一〇年。その後、小さな居酒屋を一〇年。そして三〇年前に本店を開き、一五年前には支店を出しました。二千三さんが一代で築いた店は全国放送のテレビや新聞でも紹介されました。「一年三六五日、休みなく仕事をしている」と話すように、これまで魚と取り組んできた働きづめの人生と思いました。

二千三さんは花や木を見るのが好きで、別の場所にある五〇〇坪の自宅に桜、桃、梅、カエデ（もみじ）などの木やボタンなどが植えてあるそうです。七五歳くらいまで頑張って支店の土地を買い取り、支店で調理もできるようにするなど目標を達成したら、孫に店をバトンタッチし、旅に出て自宅以外の自然も味わいたいそうです。

▽鳥取県東伯郡琴浦町赤碕1149の2　TEL0858・55・2056

島根

宍道湖が育むヤマトシジミ

松江市　井原忠宏さん

収獲量日本一を誇る島根県宍道湖《しんじこ》のシジミ。宍道湖漁業協同組合・古江《ふるえ》漁業会会長を務める、井原《いばら》忠宏さんを訪ねました。

忠宏さんが父親の後を継ぎ、シジミ漁に専念したのは二〇年前。それまでは日産自動車の松江代理店に勤務していたそうです。今は妻のきよいさん、長男の真さんと三人でシジミの仕事をしています。きよいさんは朝、シジミの選別が終わると美容師としての仕事があります。真さんも船から降りると介護福祉施設での勤めが待っています。

井原さんの住居の前は宍道湖。シジミ漁の船着き場があります。朝五時半に行くと、六時の漁開始を待つ忠宏さん、真さんと漁師たちがいました。六時になると忠宏さんは陸から一五分ぐらいの場所で、じょれんを下ろしました。「じょれん」（鋤簾）はステンレスのツメのついた道具で、これで湖底を掻《か》いてシジミを獲るのです。

二分ぐらい底を掻いて、じょれんを上げ、船の選別機で一一ミリ以下や空の貝をふるい落とします。小さな貝は湖に戻すのです。忠宏さんがシジミを獲り、真さんが選別する。その作業を繰り返して四五キロ入りの箱二つがいっぱいになると、船着き場へ戻りました。湖上では、まだ「手掻き」で漁をしている人がいました。忠宏さんの船は真さんと二人で約一時間、一五～一六回、じょれんを上げ、規定の一日九〇キロの収穫が終わったのです。

真さんは勤めに行き、忠宏さんは近くの作業場できよいさんとシジミをサイズ別に分けました。その後、宍道湖漁協に案内してもらう途中、毎年八月にシジミ漁師がシジミ供養をする満願寺の近くを通りました。シジミに感謝の気持ちを表し、大漁を願うそうです。

宍道湖の周囲は約50キロ。国内では7番目の大きさ。一番深いところが約6メートル。浅い湖である。この日は陸から約2キロ、約2.5メートルの深さのところで漁をした。資源保護のため週4日出漁。1日90キロ。「じょれん」を船の力で引く「機械掻き」3時間、船上から人力による「手掻き」、水に入ってじょれんを手でかく「入り掻き」がともに4時間と決められている

漁協で参事の高橋正治さんから話を伺いました。宍道湖のシジミは全国収獲量の四割で日本一。二〇一六年は四〇四〇トンです。宍道湖での収獲のピークは一九六八年の一万九〇〇〇トン。当時は漁獲量に制限がなく、その後、資源保護のため一日五〇〇キロ、二〇〇キロと制限し、現在に至っています。漁協の組合員は八〇〇人、そのうちシジミ漁師は二七六人。漁獲金額の九五パーセントはシジミが占めます。

宍道湖は日本海からの海水と、斐伊《ひい》川水系から流れるミネラルを含んだ淡水とのバランスが良く、

海水と淡水の混ざり合う汽水域で味の良いヤマトシジミが育ちます。漁協は、浅瀬でシジミが獲れるようにして小学生がシジミ漁を体験し、シジミ汁を味わう催しも毎年実施。県内だけでなく、県外の小・中学生のための日もあるとのこと。庶民の味を受け継ぐため様々な努力がなされています。

10キロずつ９袋に入れられたシジミ。大中小に分けられている。忠宏さんは問屋にシジミを運び、きよいさんは美容院へ行き仕事をする。シジミの選別は船でやった上で陸上でさらに２時間かけて行う。選別機でＳサイズ11～12ミリ、Ｍサイズ12～14ミリ、Ｌサイズ14ミリ以上と分けてふるい、手でも選んで、水洗いする

▽島根県松江市西浜佐陀町970　TEL０８５２・３６・８０５３

選別機で真さんがシジミ、ゴミ、シジミの殻などを分けた後、さらに手で選別を続ける。冬は11ミリ、春からシジミが大きくなるに従って11.5ミリ、12ミリと網の目の大きさが変わっていく

じょれんに入ったシジミを引き上げる忠宏さん。船が引く間湖底にじょれんを押さえ付けるので力がいる。引き上げる時も30キロのじょれんにシジミの重さが加わる

山口

萩焼を基本に新しい作品も

大和初瀬松緑窯

山口市　大和義昌さん

萩焼といえば山口県萩市が有名ですが、山口市内でも作られています。山口市で「大和《やまと》初瀬《はつせ》松緑《しょうろく》窯」を構える、陶芸家、大和義昌さんを訪ねました。

国宝の見事な五重塔がある瑠《る》璃《り》光《こう》寺《じ》と落ち着いた雪舟庭園がある常栄寺に寄りましたが、さほど遠くない場所に義昌さんの住居と仕事場がありました。人里から少し離れたそこも樹木が多く、義昌さんは「子どものころ、家に帰ってくる時は怖かった」と言います。夏も涼しいのでク

粘土を手で丁寧に練ってから、ろくろでビアマグを作る。工房には粘土や、さまざまな物が置いてあった

ビアマグ、コーヒーカップなどの商品は兄と共有の登窯で焼くが、穴窯では「やりたいことをやる」作品を焼く。自然釉（ゆう）といって、中で焼く松の木の灰が自然に出て、作品に付着して微妙な色になる。３日間焼き続けたりするので、疲れるとのこと。窯で使う、まきがたくさん積んであった

ーラーはなく、テレビ、ケータイもないそうです。

義昌さんが分かるだけでも、七、八代前から焼き物の仕事をしているとのこと。義昌さんの兄や大和家の親族たちも焼き物をしていて、「大和焼き」一族でもあります。

萩焼は一五九二年（文禄）と一五九七年（慶長）に、豊臣秀吉連合軍が朝鮮を侵攻した時に参戦した毛利輝元軍が朝鮮の陶工を連れて帰り、窯を作ったのが始まりと言われています。佐賀では鍋島直茂軍が出兵して有田焼、唐津焼、鹿児島では島津義弘軍が出兵し、現在の薩摩焼に結びついています。

瀬戸内海に近い「大道《だいどう》」の花崗岩が風化した粘土を使い、白い長石と雑木の灰を混ぜ、水で溶かして作品に掛け、強い

炎で焼くと柔らかい黄色になる。「見島《みしま》」の粘土で土台を作り、化粧掛けといって大道の粘土を掛けると、さらにやわらかい色になるそうです。

義昌さんは茶道で使う茶碗、菓子や料理を載せる皿、花瓶、酒のぐい飲み、コーヒーカップ、ビアマグなどを作っています。作品は、東京銀座にある陶器店、デパート、地元のホテルの土産店に置かれています。

敗戦後、日本の経済が良くなり、日用品や装飾品ともなる陶器は家庭で使われ、新築の家の飾りにもなりました。しかし、茶道の茶碗を例にすると、今まで茶道を修行し楽しんでいた人々も高齢になり、茶道人口も減りました。高齢者は年金生活の中で気に入った焼き物を買う余裕もなく、陶器を見て楽しむ風潮も失われていきました。

湯飲み茶わん。萩焼の優しい色だった。若夫婦、老夫婦がこの茶わんでお茶を飲む姿を想像すると楽しくなる。私は日本酒、焼酎のお湯割り、ワインを飲みたいと思った。ニュータナカホテル土産店

義昌さんは、どう対応しようとしているのか。「自分のやりたいことをやる」。つまり、販売に惑わされず、作りたい作品を作るということです。義昌さんはこれまで日本伝統工芸展、茶の湯造形展、日本工芸会山口支部展ほか多数で受賞し、朝日カルチャーセンター賞も得ています。それでも、萩焼を基本に唐津、薩摩、美濃など他の焼き物の特徴も学び、新しい作品に挑戦しています。

▽山口県山口市平野1の1の20　℡０８３・９２２・２２６４

香川

生地作りは一生勉強

はな庄うどん　高松市　川西秀雄さん、一真さん

「うどん県」を自称し、一〇〇〇軒以上のうどん店がある香川県。二〇〇三年七月に開業した「はな庄うどん」を営む、川西秀雄さんを訪ねました。

「はな庄うどん」は高松市内から離れた高松空港方向にあります。開店は一〇時ですが、朝六時ごろから準備。一〇月末、外はまだ薄暗い中、秀雄さんの妻、智子《さとこ》さんは天ぷらを揚げ、長男の一真《かずまさ》さんは、うどんの生地を踏み始めました。

うどん生地を丁寧に時間をかけて伸ばしていた。うどんの腰の強さ、きめの細かさ、生地の熟成度、水加減、塩加減。これで100％ということはないので研究を続けている。手を抜くとすぐ味に影響するとのこと

店の正面には、ことでんバス「台《うて》目《め》」停留所があり、その横の小高い丘は桃畑です。四月、桃の花が咲くころ、花の香りが流れ込み、外のテーブル客は花と香りとうどんを楽しむそうです。

秀雄さんが小学四年生の時、高松市内からこの場所へ移ってきました。父親の隆大《たかお》さんは国鉄に勤め、宇高連絡

左から秀雄さん、智子さん、一真さん。店の横には左近の桜、右近の橘の木などがある。営業は午前10時から午後３時半。ただし、その日に打ったうどんが売り切れると閉店となる

船に乗船していました。一九五五年五月一一日、修学旅行の生徒を乗せた連絡船紫雲丸が濃霧のため、国鉄貨車航送船と衝突して沈没し、生徒など一六八人が死亡する事故が起きました。秀雄さんが五歳の時で、隆大さんはその日非番でしたが、事情聴取で裁判所に呼ばれたので忘れられない事故になったそうです。

隆大さんは国鉄定年後、現在の場所でカラオケ「花の庄」を開店。カラオケ初期のころで評判の店になったそうです。隆大さんが八〇歳になった時、高松市内の老舗うどん店「かな泉」で二年修業し、支店長の話が持ち上がった一真さんに「ここで開店してはどうか」ということになり、桃畑前の「はな庄うどん」が誕生しました。

創業一五年目の「はな庄」は順調に客足は増えているとのこと。看板品目は「肉うど

ん」三八〇円。「かけうどん」二〇〇円から一番高いのが「しっぽくうどん」四八〇円。「しっぽく」は冬季限定で、大根、ニンジン、肉など具が山盛りで、うどんにたどり着くまでにお腹がいっぱいになると評判です。仕事をしている人が昼時に一台の車に乗り合わせたり、休日は家族連れ、金刀比羅宮《ことひらぐう》や栗林公園、高松城趾公園の観光客や、中国、台湾、韓国からの観光グループも来店するそうです。

一真さんは客の「おいしかった。また来ます」との言葉が「一番うれしい、励みになる」と言います。味の良いうどん作りに気を使い、生地を作るのにも、四季や天候による温度や湿度の微妙な変化をノートに記録し、体験による勘を生かしていますが、それでも決定ということはなく一生勉強とのこと。

それに、大切なことは健康。自分が休んでしまうと店が成り立たないと言います。智子さんも、お客に喜んでもらうことは喜びだが、自分だけでなく一真さんや夫の健康にも気を配らなければならないと語っていました。

▽香川県高松市香川町川東上2372の1　TEL087・879・7472

各種天ぷら１個80円～120円。コロッケ、おでん、おにぎりなどが並ぶ

昼時は店が混む。外に待機する場所もある。駐車場のキャパシティーもあり、現在で満員状態とのこと。この日は秀雄さんの長女の美幸さんがレジを手伝っていた

愛媛

自然と人間が生み出す芸術

宇和島市　山口仁佐夫さん

愛媛県宇和島市は日本一の真珠の産地。生産額五八億四一三八万円（前年比一二・一パーセント増）、全国シェア四四・六パーセントと一〇年連続で一位を誇ります（二〇一五年度）。真珠養殖を営む、山口仁佐夫《にさお》さんを訪ねました。

ＪＲ宇和島駅から自動車で約四〇分。山口さんの家の前は小さな港になっていて、貝から真珠を取る屋《やかた》が浮いていました。陸上の仕事場では貝の小さな玉と細胞を真珠貝（アコヤ貝）に収める「核入れ」の最中でした。仁佐夫さんの妻・美喜子さん、次女の佐智子さん、従業員の水尾光《ひかり》さん、赤松利藤治《りとうじ》さんが仕事をしています。隣の部屋では清水喜代美さんが洗った貝の口を開けて閉まらないように栓を差し、核入れがしやすいように並べていました。

仁佐夫さんの作業船に乗せてもらいました。湾に浮き玉が

貝の中の真珠。この貝に核入れしたのは昨年の８月。来年の１月から２月ごろ、真珠を取り出すとのこと

山口さんの屋の前で、左から水尾さん、佐智子さん、美喜子さん、仁佐夫さん、赤松さん、清水さん

並び、その下に真珠貝を入れた網があります。貝を開けると肉の中から小さな真珠が出てきました。その美しさに感動しました。自然と人間が生み出した芸術品と思いました。海と山が接近した自然、明るい仕事場で家族一緒の仕事。「いいなあ」と思います。でも大変な時期があったのです。

一九九六年九月ごろ、海の汚染で宇和島の真珠貝が大量死、真珠貝養殖は壊滅状態になり、自殺者も出たそうです。汚染の原因は、フグやハマチの養殖に使用されたホルマリンと言われ、使用反対運動も起きましたが、真相は分からずじまいで、多くの養殖業者は出稼ぎに行きました。

友人に勧められ、仁佐夫さんはただ一人、和歌山県新宮市の海で真珠貝の養殖を始めました。しかし、周囲に同業者はなく、新たに用具を取り寄せるなど養殖環境の整備に苦労したそうです。美喜子さんは、宇和島市で働いていた長女と中学校三年生の三女をおばあちゃんのもとに残し、高校を卒業したばかりの次女と夫の三人で和歌山へ。「三女の学校行事に顔を出すこともできず、つらい思いをさせました」と美喜子さんは涙ぐみました。四年後の二〇〇二年に宇和島に戻りましたが、家族が離れていた四年間は、想像のできない苦労があったようです。

宇和島の海に戻って「仕事が軌道に乗るまで一〇年かかった」と仁佐夫さん。しかし、養殖業者は四〇パーセントに減少したとのこと。毎年、正月二日には三人の娘と夫、孫九人が全員集合。仁佐夫・美喜子夫妻の笑顔が目に浮かんできます。

▽愛媛県宇和島市津島町田之浜1504　TEL0895・35・0513

住居の中にある作業場。貝が元気なうちに「核入れ」をするので、皆さん手を休める間もなく忙しそうだった。佐智子さん（右端）は近くのレストランに嫁ぎ３人のお子さんがいる

真珠貝を引き上げて様子を見る。１枚の網に１列に４個、８列計32個の貝が入っている

徳島

親子で「屋根総合センター」

東内つとむ商店　徳島市　東内勉さん

東内《ひがしうち》つとむ商店を創業した東内勉さん、二代目社長・守さん。勉さんは、剣道教士七段として剣道を指導する研修道場「東内会館」館長。また、自ら太夫として浄瑠璃を語り、阿波人形浄瑠璃「駒三座」の座長として公演を重ねます。浄瑠璃の木偶《でこ》人形を作る人形師としてオニヤ工房を主宰します。

現在、日本の屋根はおおよそセメント瓦２割、日本瓦２割、スレート瓦２割、板金４割とのこと。私の家は板金。守さんは日本製の粘土瓦は心を癒やすという。「東内つとむ商店」の庭で瓦を調べる父と子

勉さんは名西《みょうざい》郡石井町で農家の長男として生まれました。石井町と徳島市の間には一六番札所・観音寺、一七番・井戸寺があります。勉さんの父親は神社仏閣を建てる宮大工でした。勉さんは五人

守さんが始めた事業。太陽光パネルと屋根瓦を一体化させた工事を行う。太陽光で生まれた電力は自家用とし、余った分は電力会社に販売する。差し引きプラスになっているとのこと

兄弟の長男。高校卒業後、地元のスレート会社に勤務。戦争中、徳島各地が空襲で焼け野原となり、住宅建築にスレート屋根が必要とされました。営業マンをしながら商業専門学校に通い、一三年後の一九六八年に独立。三二歳で徳島市内に東内つとむ商店を創業しました。妻・泰子さんが専務、義弟・福永典俊さんが営業担当。屋根を葺《ふ》く瓦職人は責任施工で、創業と同時に民主商工会（民商）に入会しました。

大型団地など建築ブームで業績を伸ばしながら、剣道や浄瑠璃、木偶人形作りにも力を注ぎました。剣道は高校から始め、仕事に就いてからも鍛錬しました。二八歳で徳島市内の浄瑠璃の会に入り、四五歳で木偶人形を彫り始めました。木偶人形の展示会は東京・三越デパートほか徳島、神戸、大阪など全国で催され、「駒三座」の公演は年八〇回に及んだこともあるというから、趣味の範囲を超えています。

守さんは三人兄弟の二番目。兄は公務員として石井町役場に勤め、弟は製薬会社勤務。俳優をめざし、オーディションを多々受けていたという守さん。しかしなかなか芽が出ず、大手建設会社に就職しました。

葛西臨海公園、羽田空港、霞ケ浦などの現場監督を務め、責任ある仕事をまかされました。父親は事業を堅実に伸ばしていましたが、自分も父の興した会社に喝《かつ》を入れたいと思い、一九九四年六月に徳島に帰りました。その半年後、阪神・淡路大震災が発生。仲間七人と淡路隊を組織し、ボランティアで現地に入り、炊き出しを行い淡路島復興の手伝いをする中で屋根工事の技術を覚えました。震災は事業を変えるきっかけにもなったと語ります。自社でも工務店を兼ねるべき、今後は「リフォームの時代」とも思いました。屋根総合センターとして「屋根瓦の新築工事」「葺き替え」「雨漏り修理」「太陽光発電システム」「リフォーム工事」などを重視します。守さんは「日本人なら瓦屋根」との信念があります。瓦職人が高齢化しており、今のうちに「熟練の職人から学べ」と、後継者育成に力を注いでいます。

▽徳島市南矢三《やそ》町3丁目2の5　TEL088・631・5718

勉さんが作った「傾城（けいせい）阿波の鳴門」の木偶人形・お鶴。人形だけで1頭30万～100万円もする。阿波人形浄瑠璃文化の普及として週1回、木偶人形製作教室を開いている。作品は、県・市の文化祭にも出展し、市民の浄瑠璃公演にも使われる

守さんは剣道5段。高校時代は、個人・団体で何度も優勝。現在は年齢別・段別大会に出場している。道場では勉さんが守さんを指導した。その後、道場で市民が浄瑠璃「傾城阿波の鳴門」の練習を始めた

二一種の芋けんぴと地元の食

黒潮物産

高知市　西本信行さん

高知市の「ひろめ市場」は一九九八年にオープンし、六〇以上の店が集まる商業施設。「ひろめ」という名称は、土佐山内家一二代～一五代まで仕えた家老の深尾弘人《ひろめ》蕃顕《しげあき》にちなんで名付けられ、高知の衣食住文化や人情、人となりなどを〝ひろめる〟という意味もあります。ひろめ市場で「黒潮物産」を営む、西本信行さんを訪ねました。

ひろめ市場は高知城の近くにあります。高知駅～はりまや橋～アーケード街～高知城――この線で結ばれた一角にある、ひろめ市場は「お客の七割は観光客」と、信行さんが話す通りだと思いました。ちょうど昼食時だったので、食べ物と酒のある「自由広場」は満員でした。

自由広場だけでなく、龍馬通り、乙女小路などの屋台村にも料理、酒、テーブルがありました。午前

芋けんぴタワー。テレビ、新聞、雑誌などで紹介されたので、全国からクリスマスなどに注文が多い。飾った後は食べて二重に楽しめる。砂糖で固めてあるので崩れにくい。壊れないように発送する

黒潮物産の人々。（左から）きよ子、信行、結城みどり、濱田まり、横田由美、佐藤武、楠瀬淳子の皆さん。配達に出ていた将行さんらは写っていない。にぎやかな市場が職場なので、皆さん楽しそうだった

八時から二三時まで酒と料理とスイーツを楽しめるのが特徴とのこと。そうした店に挟まれるように高知土産、海産物、衣料品店などがあります。

黒潮物産の前も、絶えず人が流れ、「芋けんぴ」を買っていく人々が見られました。店の中では、けんぴの袋詰め作業が行われ、店先で売る人、レジで計算する人と忙しそうです。

信行さんは一九九八年のひろめ市場のオープン時に黒潮物産を出店。店は妻のきよ子さん、長男の将行《まさゆき》さんと九人の従業員で切り盛りしています。店の主力商品である芋けんぴは、サツマイモを細くカリッと硬く揚げています。信行さんによると、芋けんぴは高知県が発祥の地で、平安時代の代表的歌人・紀貫之の『土佐日記』にも、けんぴが記されており、その頃は芋ではなく

小麦粉で、後に芋の方が健康に良いと変わったとのこと。ちなみに漢字にすると「健肥」（他に「堅干」など）。健康を肥やすとの意味です。

若手の購買者を開拓しようと、生産量日本一のショウガ、安芸市のユズ、四万十川のノリや地元産黒ゴマを粉にしてまぶしたものや、コーヒー味も作っています。

他にも、カツオのタタキ、刺し身、角煮、生節のパック、怖い顔をしたウツボのタタキ、刺し身、唐揚げパックと缶詰。室戸岬は昔は勇壮な捕鯨の町としても知られていたので、クジラベーコン、刺し身用赤身、さえずり（舌）など、いろいろなクジラの商品、その他にもウルメイワシなど干物が所狭しと店頭に並んでいました。

お昼どきの自由広場。各種の魚定食や麺類で昼食をとっている人が多かったが、ビールを飲んでいる人の姿も見られた。夕方になると酒が増える。カツオのタタキの実演で火が派手に上がっていた。土曜日、日曜日は席を探すのが難しいとのこと

大阪から高知観光に来たグループ。「芋けんぴは時々食べているが、こんなに種類が多いとは思わなかった」と、いろいろ買い込んでいた。芋けんぴは21種類。１袋130グラム入り350円、３袋1000円。北海道から沖縄まで全国の客に送る。口コミで評判が広がっているとのこと

▷高知県高知市帯屋町２の３の１
ひろめ市場　TEL088・820・6579

福岡

人との縁で次の世界が広がって

十二堂株式会社えとや　太宰府市　作本浩親さん

「梅の実ひじき」製造元である筑紫の「十二堂株式会社えとや」を訪ねました。

従業員四〇人。それほど大きな食品工場ではありませんが、とても清潔感がありました。作本浩親《ひろちか》さんが社長、妻の直子さんが専務。二人で始めた乾物店から今の会社に育てたのは、直子さんの支えが大きかっただろうと感じました。浩親さんは会社の成長の過程で、人との結びつきを強調されていました。縁が生まれるのはお二人の人柄であり、その縁を仕事で成功させたのは才能と努力です。

「えとや」の商品。「梅の実ひじき」、ピリッと辛い「からかひじき」「鰹ひじき」「生姜ひじき」「辛子高菜ひじき」は各150グラム、「山椒じゃこひじき」は120グラム、「梅の実わかめ」は90グラムで、各600円＋税。「梅の実昆布茶」は60グラム、「梅の実茶漬け」は３食入りで各500円＋税。「あごだし」（360グラム、700円＋税）を含め11種のオリジナル商品がある

浩親さんはゲームソフト会社に勤めていましたが、独立して何かを始めたいと思うようになりました。世話になったテナント会副会長から「太宰府の店舗が空いているから使っていい」と声を掛けられたそ

大宰府五条本店内の浩親・直子夫妻。明るく、似合いの夫婦と思った。浩親さんの趣味は釣りとオートバイのツーリング。本店の壁に大きなイシダイの魚拓が飾ってある。直子さんもツーリングを楽しむ。夫婦共通の趣味なので、一緒にバイク仲間で知られている阿蘇の「やまなみハイウェイ」や、大分県の由布院温泉などへ行く。できれば１泊か２泊で遠出をしたいが「今はその時間がない」とのこと

うです。二〇〇一年、直子さんと乾物店を始めました。

開店当初は客足も少なく、スーパーの空いている場所を借りて乾物を売る行商のようなこともしたそうです。ある時、仕入れ先の社長から「何か看板となる自社商品を開発・製造したほうが良い。それがあると強い」と言われました。

太宰府をイメージできる商品はできないかと思い、梅を使うことを考えました。その梅と何の乾物を組み合わせるか、着目したのが「ひじき」。試行錯誤を繰り返し、梅とひじきを組み合わせた異色のふりかけが完成しました。

知人のつてで、ＪＲ博多駅で明太子を販売する店先に約一畳分くらいのスペースを借り、朝七時から夜九時まで

直子さんが店に立ちましたが、反応はいまひとつ。小さな試食用おにぎりを用意し出張中のサラリーマンをターゲットにしました。三年ほどたったころ、「お土産でもらって、おいしかったから」など電話注文が駅売りより多くなりました。

「梅の実ひじき」を販売して七年目の二〇〇七年、上沼恵美子さんのテレビ深夜番組で紹介されると、放送直後から電話が鳴り始め、翌朝まで続いたそうです。そこで夫妻の住居に近い山家に工場を移し、さらに狭くなったので四年前、現在の工場を建てました。

二〇一五年、福岡県物産振興会の会長から「梅の実ひじきは頑張っている。大宰府参道にある自分の店を貸してもよい」との連絡が入ったのです。歴史ある大宰府参道ではまず空く店がなく、空いても信頼のある人でないと貸さないそうです。

製造室で完成した「梅の実ひじき」を箱に入れている。室内は衛生管理が徹底され、私も頭髪、衣類、足元と全身を空気吸引機でゴミを吸い取り、遠くから撮影した

大宰府参道店は大きな鳥居のすぐ近くにある

浩親さんは「これまでお客さまを含め人との縁で次の世界が広がってきたから、これからも常に感謝の気持ちを」と語っていました。

▽福岡県太宰府市五条2の6の31 TEL０９２・９２４・０３８２

大分

牛乳配達で限界集落支える

みどり牛乳文東販売店

豊後大野市　文東恭一さん

過疎化・高齢化が進み、経済的・社会的な共同生活の維持が困難となる、いわゆる「限界集落」。大分・豊肥《ほうひ》民主商工会（民商）の文東《ぶんどう》恭一さんが経営する「みどり牛乳文東販売店」の配達先には、そんな集落があります。気軽に買い物を頼まれたり、コミュニケーションを交わす文東さんの牛乳配達を楽しみに待っている高齢者も多い。文東さんが配達する様子を、豊肥民商事務局長の東田《とうだ》伸彦さんの自動車に乗って撮影しました。

１日の走行距離は180キロになるが元気

山岳地帯に分散する住宅への配達は、地形を把握している文東さんだからこそできることです。誰もいなくても「おはようございます」と声を出して、牛乳を受け箱に入れます。人の姿が見えると、玄関を開けて、あいさつをしながら牛乳を手渡し、会話が生まれます。家の横の畑にいる人にも声を掛けます。

文東さんは、二〇〇五年の町村合併で市となった豊後大野《ぶんごおおの》市緒

恭一さんが生まれたところは「限界集落」とも呼ばれた山の奥にあり、以前は道路も悪く交通も不便だった。今は約50人が住んでいるが、60代が２人で、あとは70代以上の人々とのこと。恭一さんの姿を見て、畑にいた人が声を掛けた

方町の滞迫《たいざこ》で生まれました。「すし屋の板前だったが、一九九四年から現在の仕事を始めた」そうです。商売も順調に伸びて、緒方町全体で二四五〇軒のうち、一〇四五軒がお得意さんとなりました。

しかし、一〇年前の早朝、心筋梗塞《こうそく》になってしまいました。三カ月後に仕事を再開しましたが、お得意さんは一六〇軒に減少。努力の結果、三二〇軒まで盛り返しました。文東さんは私より重い身体障害三級の手帳受給者です。それでも午前一時半に起床し、一日一八〇キロ以上を車で回り、元気に牛乳を配達する様子を見て深く感動しました。

配達先の人は、ほとんどが高齢者です。お得意さんとは家族同様の長い付き合いです。自動車の運転をやめた人からは調味料、洗剤、トイレットペーパーほか日用品の買い物を頼まれることが多く、文東さんも

「地域の役に立てば」とボランティアで買い物を手伝っています。

私は、毎年、増加していく軍事費を、高齢者が安心して生活できるような社会づくりに回してほしいと思っています。文東さんとお得意さんとの交流を見ていて、高齢者の生活に貢献していると思いました。

▽豊後大野市緒方町馬背畑261の2　TEL０９７４・４２・２８３０

妻・智恵子さんは隣町の清川町生まれ。牛乳を配達後、デイサービスの仕事をしている。自営業だからイベントを手伝うなど、地区に貢献できることがうれしいとのこと。息子さんの妻もデイサービスで働く。お孫さんは2人

配達前の準備。26種類を扱う。牛乳も低脂肪、普通、濃厚、鉄分・カルシウム分が多いなど。ほかにコーヒー、ジュース、ヨーグルト、プリンなど。スーパーやコンビニの紙パック牛乳は生乳86％だが、配達している瓶牛乳は生乳99％。牛乳離れが進んでいる。各種飲料水の増加、健康に良いと牛乳を飲む人の7割は女性だが、サプリメントに替えるようになった

宮崎

飫肥杉を広げるアイデアマン

ギフトハウスマエダ

日南市　前田直重さん

宮崎県日南市は江戸時代、飫肥《おび》藩の領地で、温暖で湿潤な気候を生かしたスギやヒノキの生産が盛んでした。特産の「飫肥杉」を使った木工商品を製造販売する前田直重さんが営む「ギフトハウスマエダ」を訪ねました。

ギフトハウスマエダは、JR日南線の日南駅と飫肥駅の中ほどの広い道路脇にあり、店の後方に直重さんの山が見え、飫肥杉が立ち並んでいます。オープンは平成一〇年（一九九八年）一〇月一〇日一〇時一〇分。マエダが現在に至るまでをうかがっていると、直重さんは自己の人生を改革してきたアイデアマンだと思いました。

直重さんは日南市に生まれ育ちました。当初は日南市のJA（農協）に約一一年間勤務し、総務課、企画課を経て生活課へ。当時は冠婚葬祭も扱っており、直重さん

直重さんの案内で、飫肥杉が立ち並ぶという飫肥城の本丸跡へ行った。飫肥藩5万1千石の城下町には古い武家屋敷が残り、大勢の観光客が訪れていた。明治政府の外交官・小村寿太郎の生家もある。藩校「振徳堂」の裏には飫肥杉がそびえ立っていた

マエダのオンリーワンの商品を手にする左から裕子さん、直重さん、佳月さん。3人とも飫肥杉商品の製造、販売、包装など何でも初めての経験で苦労もあったとのこと。商品の普及のために、東京、大阪、福岡などの都市で毎年催される「木と住まいの大博覧会」で展示をしたり、自社ホームページに掲載している

は結婚式担当になって司会もしたそうです。

ＪＡを辞めて税理事務所に約六年間勤め、経理も勉強。そして、妻の佳月《かづき》さんとともに小さな店を借りて、冠婚葬祭や祝い事に使うギフトショップをスタートした後に、現在の地にオープンしました。

直重さんの妹・裕子さんはオープン半年後からスタッフの一員に。直重さんはＪＡでは多くの組合員と知り合い、税理事務所でも人との交流が増えました。商売をする人にとって人脈は財産となります。

次の転機は二〇〇七年。日南市役所は、地元の飫肥杉の名を広め、素材を活用させようと、「飫肥杉課」というプロジェクトチームを立ち上げました。同時に木工、建具、製材などに携わる人、森林組

合による日南飫肥杉デザイン会が発足、直重さんも入会しました。

店内には直重さん考案の商品が並んでいます。七段飾りのひな人形（税込一万六二〇〇円）は小型なので、三月のひな祭りだけでなく一年中飾っておけるそうです。魚偏の漢字とひらがな、数字などが彫刻印字されたパズルは、積み木、ドミノ遊び、オセロなど五種類以上の遊びができます。細い丸棒で三種類のゲームができる「おび杉トントン」もあります。赤ちゃんの命名を彫った誕生祝いなど商品はたくさんありますが、杉の木目は全て違い、同じ物ができないから「オンリーワン」が特徴になっていると直重さんは胸を張ります。

「もっと多くの人に、飫肥杉の良さを分かっていただくことが私たちの夢です」と語っていました。

▽宮崎県日南市吾田西3の11の30　TEL 0 1 2 0・5 3 7・7 2 5

裕子さんが飫肥杉にレーザーで印字、カットする（左）。佳月さんが包装する（右）。飫肥杉は弾力性があるので、昔は曲げて船を造る材料としても利用されていた

「おいしかった」が一番の喜び

林檎亭 佐賀市　岩瀬伸さん

昼食時も近づき、店頭にたくさんの弁当が並ぶ。20種あり、鶏の唐揚げ、エビフライ、トンカツ、卵焼き、スパゲティなど洋食弁当が中心だった。一番高いのが500円、あとは300〜400円台

大正末期から続く氷問屋の四代目でありながら、二〇〇一年に弁当・仕出し店「林檎《りんご》亭」をオープンした、岩瀬伸さんを訪ねました。

JR佐賀駅から県庁通り商店街を車で走ると、すぐ林檎亭がありました。通りに面した店の調理場では、店主の伸さんと妻の都也子《つやこ》さんが料理をしたり注文の電話を受けたりします。午前一〇時ごろでしたが、電話がひっきりなしに掛かってきます。その都度、どちらかが電話に出ます。こんなに忙しそうにしている仕事場を見るのは初めてです。フライパンから炎を上げながら、伸さんが炒め物をし、都也子さんは弁当にご飯を入れています。伸さんは車にたくさんの弁当を積んで配達へ。配達から戻ると、また注文を取り、料理を作り、再度配達に行くなど目の回るような忙

大量の注文を受けて全ての弁当を作り上げ、配達も無事に終わり「おいしかった」といわれるのが一番の喜びという。趣味は料理だが、ホッと一息ついて二人で缶ビールを飲み、ボーっとしている時間が息抜きになるとのこと

しさです。体力もいるだろうと思いました。

伸さんの店では弁当が六〇パーセント。あとは氷の販売と駐車場の収入とのこと。佐賀県と長崎県の境界にある多良岳《たらだけ》山系から地下水となって流れ出る水の質が非常に良く、透明度の高い氷ができ、電気冷蔵庫のない時代は貴重だったそう。現在、氷は佐賀市の酒場での水割り、ハイサワーなどの需要が主です。

伸さんの代になって一七年前から弁当を始めました。弁当の販売先は、店に来る人も含めてサラリーマンや工事現場の人。病院、警察署、全国バレーボール大会・運動会などのスポーツやイベントの注文もあります。夜のうちに仕込みや調理を行い、昼の繁忙時が終わってから翌日の準備にかかるそうです。

▽安くうまい弁当を作ることが一番、▽衛生面には非常に気を使う、▽人気の高い唐津のコシヒカリ上場《うわば》米を使い慎重に水加減する、

▽日本人はエビが好きなのでエビを入れる、▽唐揚げなど一品おまけをつける、▽団体の注文では希望の内容を聞く——など工夫しているそうです。

高齢化と人口減は、弁当の売り上げにも影響しているそうです。例えば、お寺の減少。城下町・佐賀には一〇七のお寺がありましたが、檀家《だんか》や後継ぎが少なくなりました。以前はお寺で結婚式を挙げて料理の注文もありましたが、若い人たちのお寺離れが進んでいるそうです。

伸さんの悩みと夢は、店や調理場を改装して、販売を増やしても人手不足で従業員が集まるか分からないし、店の後継者もいないということ。そこで何か一つ、目玉料理を作って、それだけで商売になることを実現させたいといいます。今後、林檎亭の新しい料理が楽しみです。

▽佐賀県佐賀市中の小路3の1　TEL0952・23・2788

料理をしている時、注文の電話に出るのは二人のあうんの呼吸（右）。注文は、なじみ客が多い。都也子さんは和やかに言葉を交わしていた。弁当を通して多くの人と心を通わせている。壁にはたくさんのメニューが並んでいたが、その日の思いつきで頼まれた品以外にどんどん変わったものを入れていく。必ず１品か２品、その日の創作メニューもある。365日休みなし、土日祭日はスポーツ大会、文化祭など平日より忙しいとのこと

長崎

一分一秒争う煮干しイリコづくり

マルヨ水産　平戸市　岡山稔さん

長崎県平戸市の「マルヨ水産」は、日本の最北西端にある水産加工場です。平戸では唯一、漁をする船団と加工場を併せ持つ岡山稔さんを訪ねました。日本最西端の鉄道駅「たびら平戸口」駅からマルヨ水産へ。

工場に入ると、乾燥された煮干しイリコの選別、箱詰め作業が始まっていました。年配の女性が多く、活気にあふれています。選別されている煮干しイリコは昨夜の漁業で取ったカタクチイワシをすぐ釜揚げして、乾燥が終わったものとのこと。

マルヨ水産は三隻の灯船《ひぶね》、網船、運搬船の計五隻の船団で、アゴだしやイリコだしの原料となるトビウオ、カタクチイワシなどを取っています。漁業と

前列右から川口さえこ、岡山くま（母）、今村京子、濱河結子、鉾屋都。中列右から畑原春子、近藤静子、岸田まつ子、岡山いづみ（長女）。後列右から岡山美希（妻）、岡山稔、恵谷俊、岡山悟（兄）のみなさん。煮干しイリコの大きいのは、だし用、小さいのは食用や佃煮用。薄塩なので佃煮加工に向いていると業者に人気がある

ぜひ漁業の現場を撮影したかった。私は船酔いはあまりしない。青森県大間で夜から朝までイカ釣り船を撮影したこともある。カタクチイワシ漁は、魚を囲んで網をキンチャクのように絞っていくので、キンチャク漁とも呼ばれている。マルヨ水産は3月～8月、10月、11月がカタクチイワシ漁、9月と10月はトビウオ漁、1月と2月はヒラメ漁を行っている

加工が一体となり、新鮮なうちに商品化されるのが特徴です。九九パーセントは長崎漁連に納め、全国に出荷されますが、マルヨ水産の製品になじんでいる全国の小売業者、料理店からの直接の注文もあるそうです。塩分を薄くしているので、だしの味がよく分かるとのことです。

兄の悟さんとその息子三人を含む一六人の船員が漁業。悟さんと稔さんは漁業四代目で、運搬船で海に出るほか、工場、販売その他を担当しています。

「自ら仕事を辞めたいと言うまで、働く場を提供するのが会社の方針です」と稔さん。現在の従業員は八人。お年寄りは工場で背を伸ばして絶えず働き、働いているので元気とのこと。

夕方五時過ぎに灯船が港を出て行き、私は稔さんと運搬船に乗り、五時五〇分に出

港しました。すぐ陽が落ちて暗くなり、灯船の明かりが海を照らしています。出港から二時間ほど過ぎて、網船が灯船の回りに網を下ろし始めました。運搬船が網船に近づき、乗子《のりこ》（乗組員）が移ってきて、両方の船から網を上げます。勇壮で緊張した空気です。網が上がると、無数のカタクチイワシが跳ね、明かりに反射してキラキラと光っています。

一〇時過ぎ、私は運搬船とともに港に帰り、水揚げされたカタクチイワシの釜揚げを撮影しました。カタクチイワシは、運搬船から太いホースで工場に送られ、洗われて、新鮮なうちにゆでられます。この一分、一秒を争う釜揚げ作業場も活気があります。海には灯船、網船が作業を続け、運搬船も海へ戻り、カタクチイワシを工場に再び送り、釜揚げするという仕事を朝まで続けるとのことでした。

▽長崎県平戸市大久保町314の15　TEL０９５０・２３・２２１４

右は釜揚げ作業をする近藤靜子さん。近藤さんは昼間も働いていた。左は選別作業をする川口さえこさん。仕事の手を休めず、18年働いていると張りのある声で答えてくれた

熊本

震災から立ち直る光に

甲斐豆腐店

熊本市　甲斐逸郎さん

二〇一六年四月一四日と一六日に震度七の地震が二回、熊本県の益城町《ましき》とその一帯を襲いました。熊本市南区城南町で甲斐逸郎さんが経営する甲斐豆腐店も大きな被害を受け、休業を余儀なくされました。同年一二月一二日に営業を再開した甲斐豆腐店を訪ねました。

甲斐豆腐店は、逸郎さんと妻の佳子《よしこ》さん、息子の大士《だいし》さん、娘の貴子さんの四人で営んでいます。ほかの二人の娘さんは嫁いだそうです。

四月一四日の前震の後、余震が続いていたので、佳子さんは庭の椅子に座って一睡もできなかったとのこと。二週間ぐらい、家族は車の中で眠りました。電気は来ていたので、日常生活用水にしている井戸水を使用でき、向かいの家の駐車場で支度をし食事もしたそ

早朝から活発に仕事を始めている甲斐豆腐店。地震関連の死者161人（2016年12月14日現在）。住宅全壊8360戸、半壊３万2261戸、一部破損13万8242戸。避難した人は最大18万3882人に上り、現在も多くの人が仮設住宅で生活をしている。暗い道を照らす明かりは熊本復活の光だと思った

左から逸郎さん、佳子さん、大士さん、貴子さん。２年前に一部改築した住居は何とか耐えたが、仕事場は傾いたので建て直した。豆腐作りの機械も14日の前震で傾き、16日の本震で外れ、ボイラーなどは使用不能に。以前の仕事場は広くて作業場所が離れていたが、今はうまく配置され、仕事がやりやすくなった

うです。仕事を再開するまでは地震保険の給付金を生活費に充て、大士さんは友人の瓦店の仕事を手伝っていました。

震災復興資金が借りられたので、仕事場を建て直しました。城南町で豆腐を作っているのは甲斐豆腐店しかなく、その味を知っている人たちから「待っているから、再開してほしい」との声を聞いたことも大きな力になったそうです。

甲斐豆腐店は逸郎さんの父、祖父の代から間もなく一〇〇周年を迎えます。逸郎さんは「甲斐豆腐の伝統のようなものがあり、妻など家族のアドバイスによって作られた味」と言います。井戸水を使用し、水がうまいと定評のある城南町でも、特にここ阿《あ》高《だか》地区の水は良いとのことです。

午前三時から真新しい仕事場で家族四人が忙しく立ち回っていました。逸郎さんは

朝の早い豆腐作りに満足しているそうです。会社勤めのように上司の指図もなく作業に専念でき、早い時間に仕事が終わるので、ボランティア活動などもできる――。以前は民生委員、少年補導員など二〇以上の肩書きを持ち、現在は市のスポーツ少年団本部長として指導に当たっています。逸郎さんは中学から大学まで剣道に打ち込み、現在七段。指導資格も持っています。

現在の逸郎さんの願いは、甲斐豆腐店の味を守り育て、地震以前の注文レベルまで復活させること。後継者がなく、仕事をやめていく豆腐店も多い中、幸い大士さんというしっかりした息子がいます。

佳子さん、大士さん、貴子さんに夢をうかがうと、異口同音に「まず地震前の仕事の水準まで戻すこと」と述べました。甲斐豆腐店の再開・発展は、地震から立ち直る熊本の光になると思いました。

豆腐を切る佳子さん。甲斐豆腐店の豆腐の原料は九州産大豆100％。約90％が熊本大豆で、残りは他県産。東日本大震災、原発事故後、東北の大豆生産量が少なくなった。九州産大豆の消費が全国的に増え、大豆価格が高騰して採算が合わず、仕事をやめた豆腐店もあるとのこと

▷熊本市南区城南町阿高320の1
TEL0964・28・2129

鹿児島

軽キャンピングカーの先駆け

バンショップミカミ　曽於市　見上喜美雄さん

工場には「テントむし」などのデモカーがある。休・祭日になると大勢の見学者が来るという

軽トラックなどを改造して軽キャンピングカーという新たな市場を開拓した鹿児島・曽於《そお》市の見上《みかみ》喜美雄さんの工場を訪ねました。

私は自動車の運転ができませんが、「バンショップミカミ」の六種類の軽キャンピングカーのカタログには思わず引き込まれてしまいました。旅が好きなので、このような車で旅をしたら楽しいだろうなという気持ちになり、限られたスペースでいかに快適な時間を過ごすことができるか、見上喜美雄さんほかスタッフの人たちの夢と工夫が伝わってきたからです。

軽キャンピングカー「テントむし」は、見た目は小さいのに、テーブルを囲んで四人が座ることができ、冷蔵庫が収まるキッチンも付いています。テーブルやシートを移動させる

人気の軽キャンピングカー「テントむし」内で喜美雄さん。テーブル、シートを移動させるとベッドになり、天井も上にあげて２段ベッドとなる

とベッドになり、天井のベッドと合わせると四人が睡眠できます。

喜美雄さんは地元・財部《たからべ》町で生まれました。父・麗治郎さん、母・次子さんは養蜂業を営み、蜂蜜採集の花を求めて全国を回っていました。喜美雄さんは子どものころから自動車に興味があり、高校生の夏休みにはオートバイで、父が蜂蜜を採集する北海道まで行ったこともあります。

高校卒業後は父の養蜂を手伝っていました。仕事で使っている車で宿泊ができないかと、中古車を自己流でキャンピングカーに改造。二二、二三歳のころ、アメリカでサーファーが貨物バンをキャンピングカーに改造したという雑誌記事に刺激され、自分でも改造して友人に見せると大好評で一〇台くらい作ってあげたそうです。

この改造を仕事にできないかと考え、父親を説得。キャンピングカーを製造する東京の工場へ見習いに行き、一九八二年、一人で小さな店を始めました。キャンピングカーのほかカスタムカー、移動販売車、アートトラック、介護車、霊柩車、観光バスなどの改造も手掛けました。

一九九九年に有限会社とし、二〇〇〇年に着手した軽キャンピングカー「やどかり」が大手自動車会社に注目され、翌年から発売を開始しました。長男・祥太さんが開発する、キャンピングカーとフィッシングボートを組み合わせた車に泊まり、早朝、ボートに乗って釣る——。「夢と仕事が一体となっています」と喜美雄さん・祥太さんは目を輝かせていました。

工場では9人それぞれに作業をしていた

右から、喜美雄、新地通、長男・祥太、妻・照代、後久智美、川崎圭章、玉利智己、久木田悟、神之原昇の皆さん

▷鹿児島県曽於市財部町下財部5461の4
TEL0986・72・3428

沖縄

伝統的風習と地域の守り手

伊佐工房 東村 伊佐真次さん

沖縄の伝統的風習に欠かせない位牌《いはい》「トートーメー」を製作する伊佐真次《まさつぐ》さんと妻の育子さん。東村高江《ひがしそんたかえ》にある工房と、米軍ヘリパッドの建設阻止へ住民とともにたたかう現場を取材しました。

沖縄は祖先崇拝の気持ちが強く、祖先の霊が宿るとされる仏壇の位牌や、遺骨の眠る墓が大切にされます。位牌を沖縄では「トートーメー」や「イフェー」と呼んでいます。私も先祖、両親、弟の「トートーメー」を長野県の自宅に祀《まつ》ってあります。

私は毎日、仏壇の位牌を眺めたり手を合わせたりしていますが、製作過程を見るのは初めてでした。お二人は沖縄の人々が大切にしているものを作っているのだなと思いました。

右が真次さんの工房の作品。別の工房で装飾されて完成品に。朱塗りの細かい木碑が並び、1枚1枚に金文字で戒名を書く。縁にらでんが施されている

真次さんはいま、もう一つ重要なことに取り組んでいます。「へ

位牌を作る工房。父、真三郎さんの技を受け継いだ。ヒバ、イヌマキなどの木材を小さく切断する

リパッドはいらない住民の会」の一員として、育子さんとともにヘリパッド（ヘリコプター離着陸地）建設の反対運動を続けているのです。

国頭《くにがみ》村と東村の森林地帯に米軍の広大な北部訓練場があります。二〇〇六年、北部訓練場の約半分の返還が決まりました。しかし二二カ所のヘリパッドのうち返還地に残る六カ所を、高江周辺に移すことが条件となりました。

ヘリコプターの騒音、オスプレイの墜落の危険性は、住民の生活と生命に関わってきます。住民の建設反対活動に対し国は、八歳の児童を含む一五人を「工事妨害」で那覇地裁に告訴。このことに対し住民や弁護団の控訴で一四人は却下されましたが、真次さんに対しては「通行妨害禁止」の判決を下しました。

位牌に組み立てる前の木材を磨く育子さん。２人の子どもが成長した後も仕事、家事、高江のたたかいと忙しい日々

住民、弁護団、真次さんは上告して抗議活動を続けています（二〇一四年六月、最高裁が上告棄却、上告受理申立も不受理）。強行工事や裁判で住民の生活を破壊しようとする国のやり方に怒りを感じると同時に、権力に屈しない住民や伊佐夫妻に感動しました。

東村高江「ヘリパッドいらない住民の会」の座り込み現場。見学に来た沖縄・名桜大学「平和スタディー・ツアー」の学生たちに状況を説明する真次さん

▽沖縄県国頭郡東村字高江85の15　TEL０９８０・４３・２７４８

石垣島米を日本各地や外国に

米流通センター　浦添市　仲間朝信さん

北那覇民主商工会（民商）の仲間朝信《ちょうしん》さんが親子で営む「米流通センター」は、遠く離れた福島・会津米の取り扱いや「石垣産ひとめぼれ」の自主栽培に力を入れていました。

社長を長男の朝宏《ともひろ》さんが継ぎ、会長となった朝信さんは米の仕入れを担当して、品質調査などで全国を飛び回っています。

米流通センター（仲間米屋）は戦後、朝信さんの父親が始め、朝信さんの兄、そして朝信さんへと引き継がれ、現社長の朝宏さんは四代目となります。

社員は、次男の朝之《ともゆき》さん、朝之さんの高校の同級生三人。北海道から鹿児島まで全国の米を年間三〇〇〇トン扱い、特に福島県の会津支援米を積極的に販売し

米を真空パックする朝信さん。25年ほど前、日本人１人当たりの米の年間消費量は120キロ。パン、麺類などが増え、現在は同54キロ。沖縄は同58キロで少し多い。「石垣産ひとめぼれ」の自主栽培のため、鹿児島へ行って苗や土を調べるとのことだった。将来は泡盛用インディカ米の生産も考えている

米流通センターから近い米軍基地「キャンプ・キンザー」。ベトナム戦争中は戦場へ送られるあらゆる物資が積まれていた。基地が返還され、新しい都市となることを朝宏さん（右）、スタッフの平良昌嗣さんも願っている

ています。会津米に力を入れていることもあり、放射能汚染の被害を受けた福島県天栄村の農家が苦境に立ち向かう姿を描いた映画「天に栄える村」に感動。朝信さんが窓口になって沖縄県立博物館・美術館で上映しました。

二〇一四年一二月、この記事のために取材した折にも、北那覇民主商工会（民商）元事務局長・中根修さんが辺野古の座り込みテントに運んだ会津米を、ヘリ基地反対協議会共同代表の安次富《あしとみ》浩さん、沖縄県商工団体連合会会長の仲本興真《こうしん》さんらが買っていました。

朝信さんは沖縄の人たちに「安全でおいしい米を食べてもらいたい」という気持ちで米を扱っているそうです。

本土復帰前、沖縄では主に外米といわれたベトナム、タイなどのアジアの米やカリフォルニア米が食べられていたとのこと。私も復

若い人たちが精米、選別、袋詰め、運搬とテキパキと働いていた。米はスーパー、レストラン、ホテル、弁当店、個人宅などに配達される。倉庫の上をオスプレイが横切った。飛行コースになっていて、毎日のように飛んでいるという

帰前、沖縄へ帰るたびに母の実家でカリフォルニア米を食べました。

朝信さんは数年前から石垣市の農家と契約して「ひとめぼれ」を自主特別栽培米として作ってきました。沖縄は暖かいので毎年六月に、日本でいちばん早い新米を収穫できることが大きな特徴です。「日本でいちばん早く食べられる新米。味がいいので香港やシンガポールからも注文があるんです」と語る朝信さんは、「石垣産ひとめぼれ」の生産をもっと広げ、沖縄だけでなく本土や外国にこれまで以上に出荷したいと考えています。

取材後、原稿を書き終えて二月初めに電話をすると、ちょうど朝信さんは石垣島で田植えをしている最中でした。

▽沖縄県浦添市港川2の22の5　TEL 098・874・0168

あとがき

この本は全国商工新聞に連載した「中小業者写真館」をまとめたものです。この連載は全五八回でした。第一回は長野県岡谷市のパン工房「はっぴーおじさん」（二〇一三年五月二〇日号）。岡谷市は私が住む諏訪市の近く。まず地元からということになりました。最終回、京都の呉服店「あめや藤本」（二〇一八年五月二一日号）まで、約五年にわたる取材でした。

取材先はすべて商工新聞編集部が決めます。それがとても楽しみでした。次はどのような仕事をしているところだろう、場所はどこなのだろうと期待しました。

私は報道カメラマンです。写真の分野もいろいろありますが、戦場撮影や新聞社に勤務した経験から、記事も書きます。写真で状況を説明できなかった分を文字で補います。写真説明も詳しく書くようにしています。

今回の連載では、約一時間お話を伺い、約一時間撮影という方法をとりましたが、福島の斎藤農場や熊本の甲斐豆腐店、長崎のマルヨ水産の時のように、早朝からの乳搾りや豆腐づくり、夕方からの漁船乗船など、長い時間お世話になったこともありました。これまで元戦場カメラマンとして、戦争のことについては勉強してきましたが、中小企業については知らないことが多かったので、取材では現場で仕事をしている方からいろいろと教えていただき、私たちが生活する日本という国を知る上でとても有意義な体験となりました。

マスメディアでは大企業の動向が取り上げられますが、私たちの生活は、街の商店をはじめ、中小業者によって支えられています。でもそこで仕事をしている人々は、十分な社会保障を得られないなど苦労されておられること、それでも一日一日をがんばっていることを、あらためて感じました。また取材中、「アベノミクスの恩恵は全くない」「消費税の増税に困っている」という声が多くありました。

私も新聞社を一五年で退職しフリーカメラマンとなりましたので、中小業者、フリーランスにとって年金や医療の面で公的保障が不十分であることを実感しています。国の経済政策についても、業者のみなさんと同じ意見です。私は個人企業として三二年前から民主商工会（民商）の会員になっています。

日本の伝統工芸は世界に誇るべきものと思っていますが、若い人の日本の文化に対する意識の変化、住宅での洋室の増加などで、以前は日本間にあった掛け軸、屏風などが減少し、工芸士の後継者も少なくなるという現象があります。中小企業の後継者不足は伝統工芸だけに限りません。農業、漁業などを含め、そうなるのは、労働に見合った収入を得ることができなくなってしまっているからだと思います。日本の軍事費は増強の一途をたどっていますが、高額なF35戦闘機やオスプレイ購入の数機分のお金を中小企業対策に回せば、日本は生活も文化ももっと豊かになるのではないかと思うことが何度もありました。

でも、中小業者のみなさんは本当にがんばっています。親を継いだ伝統工芸士は、日本の美術を守りながら現代的な感覚を生かして新しい製品に挑戦しています。伝統工芸士以外の方々も、家族で仕事を分担し、懸命に働き、誇りを持って家業を伸ばしていこうとしている人たちがたくさんいました。

そうした人々の姿を見ていると感動し、励まされ、日本の良さを感じました。取材に協力して下さった中小業者の方々に深く感謝しています。

取材先まで案内して下さった各県の民商の方々、毎回連載を担当して下さった全国商工新聞編集部の池田睦さん、出版に努力して下さった新日本出版社の角田真己さんにお礼申し上げます。単行本にするにあたって、ページ数の都合上、写真と文章を削減したことをお許しください。

二〇一八年五月

石川文洋

石川　文洋（いしかわ　ぶんよう）
1938年沖縄県那覇市首里に生まれる。
現在は長野県諏訪市在住。
1964年毎日映画社を経て、香港のファーカス・スタジオに勤務。
1965年1月～1968年12月フリーカメラマンとして南ベトナムの首都サイゴン（現ホーチミン市）に滞在。
1969年～1984年朝日新聞社カメラマン。
1984年～フリーカメラマン。
主な著作
『写真記録ベトナム戦争』〔(株) 金曜日〕
『戦場カメラマン』『報道カメラマン』〔朝日新聞社〕
『戦争はなぜ起こるのか　石川文洋のアフガニスタン』〔冬青社〕
『てくてくカメラ紀行』〔椎出版社〕
『アジアを歩く』〔椎出版社、灰谷健次郎氏との共著〕
『石川文洋のカメラマン人生　貧乏と夢』〔椎出版社〕
『石川文洋のカメラマン人生　旅と酒』〔椎出版社〕
『カラー版　ベトナム　戦争と平和』〔岩波書店〕
『日本縦断　徒歩の旅―65歳の挑戦』〔岩波書店〕
『カラー版　四国八十八ヵ所―わたしの遍路旅』〔岩波書店〕
『サイゴンのコニャックソーダ』〔七つ森書館〕
『私が見た戦争』〔新日本出版社〕
『まだまだカメラマン人生』〔新日本出版社〕
『命どぅ宝・戦争と人生を語る』〔新日本出版社〕ほか

小《ちい》さくても輝《かがや》く街《まち》の業者《ぎょうしゃ》たち

2018年 7 月10日　初　版

著　者　石　川　文　洋
発行者　田　所　稔

郵便番号　151-0051　東京都渋谷区千駄ヶ谷 4-25-6
発行所　株式会社　新日本出版社
電話　03（3423）8402（営業）
03（3423）9323（編集）
info@shinnihon-net.co.jp
www.shinnihon-net.co.jp
振替番号　00130-0-13681
印刷・製本　光陽メディア

落丁・乱丁がありましたらおとりかえいたします。

ISBN978-4-406-06258-9 C0095　　Printed in Japan